봄날은
간다

봄날은 간다

공 제 控除 의   비 망 록

김영민 지음

글항아리

봄날이 가는 것은 누구나 압니다. 그러나 오직 그
무상제행(無常諸行)의 이치에 나날이 시달리고 몸으로 버성기면서야
사람은 사람이고, 그 이치를 납득하고 아프게 수긍하면서야
그 존재는 낮게 익어갑니다. 나날이 줄어가는 그 봄날을 새로
만들어내는 것도 사람의 일이지만, 어렵사리 찾아오는 봄날을 쉬
꺼버리는 것도 사람의 짓입니다.

인생은 오직 인생이 짧다는 것이고, 인생이 짧다는 것은 오직
짧아진 다음에야 깨단할 수 있어, 과연 '봄날은 간다'는 것만큼 실한
화두는 없을 것입니다. 비용이 없는 진실은 없습니다. 그러므로
봄날이 가는 일을 빼고는 슬픔도 외로움도 지혜도 성숙도 체감할
수가 없지요.

이 책은 내 한 사람이 세속을 혹은 빠듯하게 혹은 느긋하게
지나면서 그 봄날이 가는 일을 비망록처럼 적어놓은 것입니다.
봄날을 빼앗기는 공제(控除) 속에서 존재가 익어가는 소리를
그때그때 적바림한 것이지요. 익지 않으면 죽는다는 것, 그러나
익어도 죽는다는 것, 그것이 곧 인생이라는 짧은 봄날의 이치인데,

그러나 이 글을 읽는 그 누구든 슬기롭고 엽렵해서 차라리 그 짧은
봄날의 이치 속에서 깊은 존재의 의욕을 얻을 수 있기를 바랍니다.
그리고 이 작은 책으로 그 하아얀 의욕의 반려로 삼는다면
다행이겠습니다.

서문 004

1장 물잔을 들고 천변을 걷다

3장 극히 실용적인

1장 물잔을 들고 천변을 걷다

길 없는 길

언제나처럼 해질녘을 길게 걸었다. 수숫대가 부끄러우리만치
높이 뻗고, 붉은 노을이 유난히 거칠게 유혹하는 둑방길이었다.
일렁거리는 개천의 물빛 너머로, 수개월을 육육(育育)했던 초록들은
지친 행태가 사뭇 노골적이다. 보신탕집의 흰 개 한 마리, 외로움이
없는 한 인간을 구경할 뿐.

현명한 사람 하나 없을 도시를 향한 차량의 불빛이 도도한 채로
슬프다. '외로움'이라는 것이 사라진 이후, 존재를 물고 늘어지는
슬픔은 오히려 더 깊다. 고질이었던 낭만주의만 그 살갗을 다
벗어버린 채 하아얀 뼈가 되어 다시 솟는다.

박애(博愛)도 조직도 아닌 길, 관념론도 물질론도 아닌 길,
형이상학도 이데올로기도 아닌 길, 현실도 유토피아도 아닌 길,
종교도 기술도 아닌 길, 친구도 애인도 아닌 길. 소실점처럼 이론과
생활이 아득하게 맞닿아 있는 길 없는 길을 찾아 오늘도 다시
걷는다.

골프와 탱자

저녁 7시를 넘길락 해서 사위가 제법 어둑시근한데도 야구장처럼
조명을 밝힌 골프장에서는 여태 골프공들이 바쁘게 날아다닌다.
나는 그들의 세상을 궁금해한 적 없고, 그들도 내 생활을 영영
짐작할 수 없다. 골프장의 동편 한켠에는 탱자나무 군락이 담처럼
늘어서 있는데, 마침 달걀 속같이 노오란 탱자 열매들이 삼엄한
흑록색 가시들 사이로 무람하게 솟아 나와 있었다.

이 황금색 보물을 누구에게 줄까, 나는 가시에 찔리고 벌에
쏘이면서, 게다가 고급 승용차들의 어지러운 눈총 속에 제법 수십
개를 땄다. 바로 그때, 내가 짐짓 욕심 없는 표정을 지으며 손을
거두었을 때, 하얀 골프공 하나가 또─르─르─르, 탱자나무를 뚫고
내 발밑으로 굴러왔다.

나는 아무런 '생각'도 없이, 그 골프공을 발로 차버리고, 빈손을 뻗어
다시 탱자 하나를 땄다.

평소보다 늦게 산을 올랐다. 서녘의 햇살이 기운을 다 빼앗긴, 7시
30분에 가까운 시각이다. 호흡에 몸을 실어 속보로 15분 정도를
올랐을까, 30여 미터 위쪽, 젊은 여자, 이 시간에, 혼자다. 한눈에도
힘겹게 걸어 오르고 있다.

벌써 가벼운 걱정이 앞선다. 특히 숲속 길이 협착(狹窄)한 곳이라
피해 오를 수도 없다. 우선 유난스레 인기척을 주어본다. 내가 등
뒤에 붙도록 기척을 느끼지 못해, 소리 없이 옆을 스치는 나를 보고
기겁을 하는 경우를 더러 본 탓이다.

아차, 그것이 그만 역효과를 낸 듯하다. 멈칫, 나를 돌아보던
그 여자, 아예 산행을 포기한 채 비척비척 숲속으로 몸을 피할
기세다. 이것, 낭패다! 나는 급속히 속도를 줄이면서, 토끼처럼
선량한 표정을 짓는다. 아예, 제법 미소까지 띨 태세다. 내 노력에
일말의 감동이라도 있었는지, 그 여자는 숲속으로 들어서던 발길을
어색하게 거둔다. 그러고는 나무 뒤에 몸을 의탁한 채 곁눈으로
나를 주시한다.

한 마리의 늑대가, 곤혹스레, 그 여자의 옆을 지나간다.

다시 성스러운 계절이다. 은행나무 말이다. 그 '공혜'(空慧)¹의 노란색
기하학은 내게 늘 기묘한 성스러움인데, 오토(R. Otto)의 낡은
분류(mysterium/tremendum/fascinans)를 쉽게 비껴가는 풍경을
선사한다. 평상과 비상 사이를 내가 오래 궁구한 바 있으니, 그것은
내 생각과 손가락이 굳이 여주조밀(廬周藻密)하지 못한 탓만은
아니다.

수확을 앞둔 10월의 벼 역시 그 노란색 성스러움으로 내겐 유별난
존재다. 내 딸의 손가락이라도 만지듯, 출퇴근길에 조용히 멈춰
서서 벼의 낱알들을 손으로 가만히 훑어보곤 하는데, 어쩌면
사원(寺院)에서 추방당한 신(神)들이 모두 그곳에서 기식(寄食)하고
있는 듯도 하다.

그런데 어제는 감을 실컷 보기도, 따기도, 먹기도 하였다. 그 지극한
토속의 색감(色感)에 마음이 어찌나 부푸는지, 불현듯 감 하나에
이류시(二流詩) 한 편은 너끈한 기분이었다. 감은 내게 은행나무나
벼처럼 성스러운 기운은 없으나, 그 물건 나름의 극진함은 우리
생활이 애초에 내려앉은 깊이를 새롭게 보여준다.

은행나무와 벼가 있어 성스러운 초월의 10월, 감나무는 문득 그 '성스러움의 일상성'(Alltäeglichkeit der Heiligkeit)이 되어 나를 한없이 끌어내린다.

모모한 명산의 단풍이 절경이라 법석이건만, 앞산의 긴 오솔길은
내가 독애(篤愛)하는 벗이다. 한 마장도 못 미쳐 닿는 꼭대기를
살려두고 오른편으로 잠시 꺾어들면 예상치 못한 개활지가
터지는데, 기이하게도 그 한가운데 선좌(禪坐)하기에 그럴듯한
너럭바위 하나가 버티고 섰다. 역시 내가 애용하는 쉼터다.

하산길에 보니, 어느 무덤 곁에 먹먹한 막걸리 한 통이 애처롭게
놓이고 초로(初老)의 사내 하나가 등을 보이고 앉았는데, 먼 곳에
꽂히는 그의 시선이 달관한 듯 하염없다. 망자(亡者)인들 다르랴,
그리워할 사람이라면 그것으로 좋은 일.

은행나무에 얹힌 내 신(神)들께서 빙글거리며 떨어져서 바람과
더불어 노랗게 웃는다. 세상은 여전히 어지러운데, 신이 떨어지는 내
늦가을의 오후는 잠시 한정(閑靖)하다.

농촌 지역에선 사람이 줄어가는 대신 개는 늘어간다. 불과 한
시간 산책길이면 족히 개 열 마리는 만날 것이다. 늦은 오후 농촌
마을의 산책길은 실로 한적(閑寂)해서 더불어 마음도 담이(淡爾)하고
나태해지는데, 오직 이방인의 접근을 기별하는 개들의
경고성(警告聲)만이 처진 내 마음을 채근하며, (하이데거가 말한바)
'선구적 결의'(vorlaufende Entschlossenheit)를 일깨운다. 하이데거의
선구적 결의라는 것은, 쉽게 말해서, 개조심한다는 뜻.

산책이 잦아지다 보니 어느 곳에 무슨 개가 있는지 손금처럼 환하다.
어떤 녀석들은 제법 낯이 익었는지 꼬리를 친다. 비록 반가움의
누주(淚珠)는 없을지라도 감응은 인간만의 전유물이 아니다. 그런데
'속에 생긴 것은 겉에 드러난다'(成於中形於外)는 원리는 개라고 해서
다를 바 없어 보인다. 개들에게도 표정이 있고, 그 표정에 따른
성격이 있다. 내가 한때 이른바 '패턴지'(pattern-智)를 조금 궁구한
바가 있지만, 그 이치는 그 본능적 정직이 여전한 개들에게서 오히려
도드라진다.

그러므로, 요즈음의 산행/산책길에서 내가 하는 짓은 대략 세

가지다. 첫째는 나무에 대고 강의하는 일이고, 둘째는 짐짓
무심(無心)을 가장하는 일이며, 마지막은 개들을 연구하는 일이다.

추경십색(秋景十色)

1. 감 익는 가을은 다시 온다

오늘은 개들도 짖지 않는다. 비가 얇게 추적거리는 사이, 이 작은
마을을 두 번 돈다. 앞서 걷던 여인이 멈칫 하늘을 쳐다보더니 바삐
우산을 접는다. 신발 끝에 빗물은 즐겁게 반짝이고, 수확하지
않은 고추는 더 붉다. 비록 우리가 영영 현명하지 않더라도 감 익는
가을은 다시 온다.

2. '광화문 연가'

지척에서 뭉게구름을 뒤집어쓴 영도(影島)가 어른거렸고, 도시의
가을은 아직 없었다. 그리고, 그 틈 속의 가을은 인문학도
사회과학도 아니었다.

역사(驛舍)의 아래층에는 인파에 둘러싸인 거리의 악사가 보였고,
'광화문 연가'가 울려 퍼지고 있었다. 잠시 걸음을 멈추고 그 무명의
여가수를, 그 은빛 원피스를, 죄 없는 애정을 품고 바라보았다.
'광화문 연가'는 10년 전 내가 청사포의 유객(遊客)으로 아직 심성의
낭만주의에서 벗어나고 싶지 않았을 때 이 지역의 문학평론가
G씨에게서 배운 것이다. 그 당시 G씨는 어느 술집의 여급을

진정으로 사랑하였노라고 내게 성스럽게 속삭인 뒤, 불콰한 얼굴
위에 초조한 삶의 비애를 띠고 제법 구성지게 이 노래를 날렸다.
이런 종류의 노래는 통속의 도회적 낭만성을 안팎으로 갖추어,
인텔리 취객의 헛된 추억을 제멋대로 가공하기에 좋은 곡이며, 내가
읽고 버린 수천 권의 책조차 쉽게 짓눌러버리기 쉬운 허위의식이다.

나는 그 악사의 무리에서 멀어지며 '광화문 연가'를 낮게 읊조려
본다. 내 젊은 날의 애인들이 죄 없는 기억 속에 잠시 명멸하고,
나는 오후 6시의 역사를 떠나며 도시의 가을을 찾아 나서고 있었다.

3. 늦은 오후의 강의를 마치고, 분필 묻은 손을 씻었다. 분필가루의
비산(飛散)만으로 세상이 바뀌지 않는다는 일은 아무래도
낭만주의만의 문제가 아니다. 저 멀리, 노란색 커튼을 비껴 지른
창밖, 전주-남원 국도변에는 도심의 열기를 씻지 못한 차량의
행렬이 이 세상의 관행을 지킨다. 나는 그 흰색 열정이 여전한
손으로 연구실 문을 잠그고, 도망치는 가을을 쫓아 회색 건물을
나선다.

적갈색 성숙의 빛으로 대추들이 익어가고, 마른 수숫대 아래 방치된
고추들의 적색 항의가 잠시 내 눈을 친다. 오후 6시 50분의 서녘에
걸린 주황색 가을은 아무런 뜻 없이 슬프고, 나는 길 곁으로 고개를
내린 나락을 다시 만진다.

4. 여든은 훨씬 넘긴 듯한 감나무 집 할머니는 동네방네 소문난

치매 환자인데, 마른 나무껍질 같은 피부 속으로는 한 많은
에너지가 여태도 뻗쳐 온 동네를 쏘다니며 갖은 간섭을 다한다.
필경 레테(Lethe)의 저 편에 아득히 방치한 젊은 날의 고뇌와 상처의
편벽이 드세게 요동치는 것일 게다. 예전에는 파출소 뒤켠의 감나무
아래에서 땅을 파고 앉았다가, 내가 그곳을 지나칠라치면 졸졸
따라와서는 '그리로 가지 말라!'고, 다그치는 품이 놀부 마누라처럼
제법 매서웠다.

내가 늘 고분고분하게 굴자, 나를 대하는 태도도 살금살금
바뀌어갔다. 어느새 '그리로 가지 말라'는 나무람이 그치더니,
요즈음은 제법 상냥한 표정을 지으면서, "어디 가시우~?"라며 길을
막는다. 나도 피하지 않고 굳이 붙어 서서 대꾸하는 편인데, 누가 그
대화를 녹취(錄吹)라도 한다면 참, 지독히 가관일 테다.

그 가운데에도 종종 드는 생각은 '소통의 미스터리'라는 것이다.
통하는 듯 통하지 않고, 통하지 않는 듯 통하는 지경이 아주 드물지
않으니, '술 석 잔에 큰 진리와 한 몸을 이루었다'(三盃通大道)는 어느
주선(酒仙)이 아니더라도, 나를 알아주는 자를 어느 한 곳에서만
구할 일은 정녕 아니다.

5. 융릉(隆陵)에 비해 건릉(健陵)은 건축사적으로 조금 격이 떨어져
정조의 죽음과 더불어 급락한 18세기 조선 진경문화의 비극적
추이와 그 조락(凋落)을 증거한다고들 입을 모은다. 하지만 18세기
조선의 계몽군주를 묻은 화성(華城)의 그 산자락은 가을비를 잔뜩

머금은 먹구름 아래에서조차 슬프도록 투명했다.

직정경행(直情俓行)이라, 사람이 없는 틈을 타서 울타리를 넘어 단숨에 건릉으로 내달았다. 나는 204년 전에 죽은 영민했던 그 임금님의 무덤에 손을 얹고 낮게 속삭였다. '아, 18세기의 임금을 좋아할 수 있는 21세기의 자유주의자, 여기 잠시 다녀갑니다.'

6. C교수와 인근의 만덕산을 올랐다. 만덕(萬德)이라 혹시 무슨 덕(德)이라도 챙기는가 했더니, 산은 덕(德) 없이 가파르게 생겼고 길은 생각보다 운치 없이 이어졌다. 산감나무들이 넉넉히 평화로운 산마을을 지나고, 강아지 다섯 마리를 만나고, 무정하게 흩어진 밤을 한 움큼 줍고 그만 발걸음을 돌렸다.

날은 어둑시근해지고, 효종 때에 창건되었다는 정수사(淨水寺)를 지날 무렵, 사십구제의 독경 소리가 독아(獨雅)한 가운데, 망자를 두고 호곡하는 어느 여인의 울음소리만 애절하다. 다시 가을은 속절없이 갈 터, 아, 인생은 온통 이별뿐이어라.

7. 계절의 체를 거치며 이기심은 퇴색한다. 훈화(訓話)로도 제도로도 종교로도 지울 수 없었던 이기심, 계절이 선사하는 인연의 역설로써 지운다. 가을밤과 감을 향했던 은미(隱微)한 욕심도 그 과실의 말라비틀어진 껍질과 더불어 지운다.

감과 밤과 더불어 배운 것이라? '의욕 없는 욕심'이 죽어야 '욕심 없는 의욕'이 살아난다는 것.

8. 동백을 하나 사서 정성스레 분갈이를 하고, 그 잎들을 낱낱이
닦아주었다. 철없이 고운 그것들은 송창식이 읊은 '눈물처럼 후드득
지는 꽃'을 피워낼 성싶진 않았지만, 붉은색 장래를 예약한 연두색
함묵(含默)이 귀여우면서도 자못 심오했다.

그 이후로 '동백이 필 때까지'라는 부사적(副詞的) 세계 하나가 내
아파트 한 끝에 소담스레 들어왔다. 그 누구도 미래를 살 수 없지만,
그 미래를 침범하는 부사(副詞)들은 깃발처럼 걸어놓을 수 있다.

9. 모처럼 '은행나무 공혜(空惠)'³를 낳은 곳을 찾아갔다. 순간이나마
만비(漫飛)하던 신(神)들을 본 곳이니, 내겐 그 나름의 성소(聖所).
개들이 검고 슬프게 묶여 있는 신작로를 지나면서 길은 급히
좁아지고, 갖은 색상의 낙엽이 발끝에 넘치기 시작한다. 그 사이
'욕심 없는 의욕'을 화두로 삼아 이런저런 생각을 공글리며 걷고
있었는데, 오히려 몸을 낮추면서 생산한 낙엽들의 화이(和異) 세계가
바로 그 화두의 실체인 양 다가온다.

그러기를 10여 분 왼편으로 골짜기가 툭 터지면서 예기치 못한
개활지가 벌어지는데, 문득 건너 쪽을 바라보니, 아, 그곳에
웅엄하고 노오란 신(神)들이 신화처럼 나를 향해 버티고 섰다.

10. 늦가을 비가 길더니, 가늘어진 햇살 사이로 천고의 바람이

차갑다. 온 동네를 노랗게 밝혔던 신(神)들이 어지럽게 발끝에 밟힌다. 가을도 성실하게 늙는다. 그 변함이 없는 변함의 원환 구조 속에서 각자는 각자의 감상과 원망 속에서 울고 웃는다.

내가 좋아했던 이들을 왼 손가락으로 세고, 내가 싫어했던 이들을 오른 손가락으로 세어본다.

1. 까아맣게 썩고 곪은 세상 속에서 하아얗게 찔레꽃 핀다. 인습의
경첩을 벗기고, 봄의 야생화에 깃든 이 작은 관심에 문(門)을 단다.
봄이 없는 세상 속에서 봄꽃을 배운다. 작고 여려서 만질 수 없는
근심의 미학(美學), 독상왈신(獨嘗曰神)의 사귐을 배운다.

2. 천변에 자리를 깔고 앉아 노닥거리는 젊은 엄마와 아기 사이의
대화가 물소리에 묻힌다. 아카시아 눈꽃 무리가 봄 공기를 가늘게
흔들어, 없는 추억마저 덩달아 흔들린다. 지천으로 울렁거리는
아카시아꽃을 난생 처음으로 뜯어 먹어보았는데, 달다면 단 듯하고
맛이 없다면 또 없을 맛이다. 어느 학생이 아카시아꽃을 얹어
지짐이를 부치는 음식점에 대한 얘기를 꺼내자, 순간의 내 공상 속에
아파트 크기만 한 아카시아 부침개가 모골이 송연하게 떠오른다.

3. 태안사(泰安寺) 입구에서 만난 뱀딸기꽃과 양지꽃은 워낙
닮은 터에 한곳에 옹기종기 이웃하고 핀 모습이 공교롭게도 우리
삶의 이치를 고스란히 투영하는 듯했다. 그렇게 보면, 봄 산야에
펼쳐진 갖은 꽃의 어울림은 곧 은유라는 필연적 우연과 환유라는
우연적 필연의 심포지엄에 다름 아니다. 살갈퀴와 산새콩도 한눈에

구별하기 쉽지 않기는 마찬가지다. 가령 그곳에서도 살갈퀴가 콩과 식물이라는 분류로써만 처리할 수 없는 관찰의 우연은 여전하다. 아니, 심지어 지칭개와 엉겅퀴를 구분하는 데마저 아마추어인 내 눈에는 서로 엉켜 보이기도 한다. 오늘, 비에 함초롬히 젖어 숙지근한 찔레꽃에 한동안 빠져 있다가, 또, 찔레꽃인가 하고 달려갔더니 문득 난생 처음 보는 꽃이 하아얗게 웃으며 흔들리고 있었다.

4. 미국 유학 중에 그곳에서 본 솔방울은 작은 신생아의 머리통만 했고, 다람쥐라는 게 웬만한 너구리만 했다. 매사 다들 그런 식이었다. 소라나 멍게조차 유아들의 낯짝 크기를 방불케 했고, 나는 언제나 스몰 사이즈의 콜라나 커피를 다 마실 수 없었다. 수입종이라는 황소개구리나 배스조차 우람하고 강퍅한 모습이 아니던가. 그런데 토종 민들레가 서양 민들레보다 작지 않다는, 뒤늦게 발견한 사실을 놓고, 잠시 나직한 감격에 휩싸였다. 나는 토종을 애처롭고 곱게 쓰다듬으면서 한마디를 남겼다: "독종이야!"

5. 모내기가 한창인 곳 곁으로 지칭개가 지천이다. 얼핏 꽃 축에 끼지도 못할 듯한 녀석들이지만, 결코 속빈 강정처럼 허우대만 멀쑥한 것은 아니다. 옹골지게 조직된 그 꽃송이들은 그 스스로의 존재감으로 봄바람 속에서 충일하다. '왜현호색'인가 했더니, 필시 '괴불주머니'일 것이다. 천변을 끼고 무더기로 어우러져 보라색으로 조잘대고 있는 모습이 멀리서도 금세 궁금증을 불러일으킨다. 수일 전 점찍어두었던 메꽃들은 곱게 입을 다문 채 이울고 있고, 그 곁에

줄지어 선 패랭이들은 여전히 곱고 악착스럽다. 마거리트들은 인조의 가공품처럼 노변을 지키며 코스모스 횡대로 도열해 있다. 앗! 여태, 자운영이 도도하게 남아 있었다. 꽃잎들을 하품처럼 벌리고, 늦은 봄의 나태한 정서(情緖)를 온몸으로 표현하며 조금씩 시들어가는 마지막 자운영.

6. 봄소풍을 나온 한 가족의 화기(和氣)를 잠시 훔쳐보노라니, 그 곁의 논두렁에 낯선 화기(花氣)가 도는 것이 당장에 내 눈을 끈다. 근친(覲親)하는 누이를 맞듯, 그 화기(和氣)를 지나 화기(花氣)를 향해 치달으니, 생뚱맞고 새촘하게 무리를 짓고 흔들리는 그 꽃들은 아직 낯설다. 그런데 이 친구의 모양은 영락없는 살갈퀴다. 다만 자색(紫色)이 아니라 하양색이고, 그 크기도 족히 살갈퀴꽃의 다섯 배는 됨 직하다.

논둑이나 제방, 시골의 소로나 심지어 아파트의 구석지에서도 어김없이 자색 살갈퀴가 인간의 안이한 시선을 벗어나 살랑거리고 있다. 끄트머리의 덩굴손은 이름 없는 그리움이 되어 봄바람의 끝을 가늘게 헤아린다.

7. 찔레꽃이 스믈스믈 지는 모습에 그만 아이처럼 슬퍼진다. 소박하며 성글성글하고 아름답고 슬픈 이 서민의 국화(國花)가 없는 세상을 어떻게 견디나? 아아, 찔레꽃이 없는 6월도 봄은 봄인가? 내가 오래 독애(篤愛)하는 천변로를 가로지르면서 마지막 찔레를 눈 속에, 가슴속에, 추억 속에, 꿈속에, 그리고 다시 돌아올 미래의 봄

속에 고이 담는다. 찔레여, 찔레여, 내가 죽어 흙먼지로 날릴 때에도
이 슬픈 지상을 달랠 찔레여!

8. 천변로에서 소산모(小酸模)라고도 한다는 애기수영을 보았다.
늦은 만남에다, 올봄에는 첫 만남이라 더욱 반갑다. 그 사이
무르녹은 개망초꽃들이 제법 키를 키웠다. 이 지역에서 내가 아는
산딸나무는 딱 세 그루다. 그중 하나는 남의 집 담장 너머에 갇혀
있기에 그립게 탐망(耽望)할 뿐인데, 애꿎게도 꼭 그것이 가장
아름답고 건실하게 생겼다. 제일 늙은 산딸나무는 이미 애처롭게 그
상아색 꽃을 떨구고 섰다. 아, 그 꽃이 떨어지면서 바람개비 소리를
내는 것을 듣는다면, 나는 덜도 더도 말고 그 산딸나무꽃과 같은
생김새의 부처가 될 수 있으리라.

9. 꽃에 관한 한 '영계'라는 속칭은 신화이거나 이데올로기다. 지는
꽃 속에서 그 꽃의 진수를 이제야 본다. 만개(滿開) 이후의 미세하고
애잔한 숙짐이야말로 어쩌면 꽃이 내세울 아름다움의 전부일지도
모른다.

이론은 꽃과 같은 것이다. 조금씩 이울어가는 상처의 역사
속에서만 이론의 뜻이 있다. 이론은 역사적이지만, 지는 것은
필연적이다. 하아얀 고추꽃이 떨어지면서 녹색의 싱싱한 고추가
맺히듯이, 이론은 이울고 숙지는 스스로의 무게 속에서 그 고유한
가치를 빛낸다. 지지 않는 꽃은 조화(造花)이고, 지지 않는 이론은
한갓 성경(聖經)이거나 이데올로기일 뿐이다. 이론은, 정성껏

공대함으로써 자신의 역사 속으로 귀소한다. 이처럼 만개한 이론은 반드시 이울고 숙져야 하며, 마침내 몸속으로 그리고 땅속으로 숨어 들어가야 한다.

꽃처럼, 이론은 정교하고 아름다우며 완벽하고 또 제 나름이다. 이론을 피해가는 짓도 어리석지만, 이론에 지핀 짓 역시 어리석다. 꽃처럼, 이론 역시 아름다워서 질 것이다. 오직 그것만이 이론의 자기정당성이며 꽃의 아름다움이다.

10. 그 산에서 애기나리와 백정화 그리고 함박꽃을 본 것은 수확이었다. 교대 앞에서 다시 백정화를 만났고, 육손이가 그리 드물지 않았다. 사제관의 서편 천변 아래로 애기나리꽃을 빠삭 닮은 것을 암연히 바라만 보았다. 봄까치꽃은 지금껏 여전하게 오물거리고 있다. 뱀딸기가 바야흐로 속속들이 알을 채우고 멀겋게 나를 본다. 노랑꽃창포가 즐비한 사이로, 보라색 붓꽃이 얼른거리고, 오리 한 마리 피라미를 물고 바삐 물 밖으로 솟는다. 아, 찔레꽃 없는, 봄날마저 무연히 간다.

11. 수개월을 나직나직하게 천변 산책만 일삼다가, 오늘 문득 산을
올랐다. 오해와 상처, 무지와 시기의 무지갯빛 도시를 뒤로하고,
여름 안개 가득한 산에 들었다. 첫 손님으로 앵앵거리는 모기들의
공습을 피해 엉겁결에 찾아든 곳에는 노루 꼬리에 분칠한 듯한
까치수염이 여럿 가늘게 흔들리고 섰다. 중턱에서 엉겅퀴 군락을
만나 한참을 서성거리며 그 붉은색 애련(哀戀)의 끄트머리에 갖은
상념을 붙이고 있다가, 여기저기서 산새콩을 발견하고 나 홀로
좋아한다.

하산길, 그윽한 공동묘지를 지나던 중 잡초 무성한 무덤 한켠에
환각처럼 시선을 끄는 자주색 꽃이 두 송이. 원추리의 일종인 줄
알고 숨 가쁘게 다가섰는데, 털중나리인 듯도 하고, 말나리처럼
보이기도 하고, 중나리이거나 참나리인 듯도 하니, 아아, 내
실력으로는 아직 분간하기가 쉽지 않다. 무덤 앞에 앉아 그 꽃을
놓고 한참을 명상하다가, 문득 욕심 없는 의욕이 손에 잡히니,
그것은 상화(賞花)하는 수동적 긴장의 순간에 오롯하다.

12. '개망초'가 사위를 지배하는 가운데 '고수'도 보았고, '붉은

토끼풀'도 눈에 띄고, '다닥냉이'도 아직 흔하고, '주름잎'은
여전히 꼼지락대고, '돌나물'은 천변을 끼고 돌돌거리고, '자주
괴불주머니'는 땡볕에 지쳐 회색으로 말라간다. 그 사이 '접시꽃'은
세상모르는 듯 머쓱하게 하늘 속으로 뻗고만 섰다.

서른두 살의 도종환은 그의 출세작 「접시꽃 당신」에서 "나는
당신의 손을 잡고 당신 곁에 영원히 있습니다"라고 썼다. '자우림'의
보컬이었던 서른 살의 김윤아는 "사랑, 지나고 나면 아무것도 아닐
그 마음의 사치"라고 불렀다.

13. 찔레꽃이 없는 옛길을 걷는다. 여름은 6월에 이미 무르익고,
안개 속의 석양은 불길하고 아름답다. 찔레나무의 마른 가지에
상흔처럼 낱낱이 남은 추억은 이미 기억이 아니다. 천근(淺近)한
눈꽃송이가 한순간에 만들어내는 그 하얀 편재(遍在)처럼, 찔레꽃은
내가 살아가는 어느 편재성의 우연, 그 우연성의 편재 속에서
영원히 체감할 수 없었던 또 다른 편재의 소식이었다. 눈이 녹듯이,
찔레꽃도 그 편재를 일순에 거두어간다. 눈처럼, 아니 찔레꽃처럼
사랑의 기억도, 그 편재도 한순간에 소실됨으로써 그 아름다움을
추억 속에 등재한다. 마른 꽃만이, 오직 그 꽃의 상흔만이 영원하다.

14. 보라색 과꽃은 붉은색에 비해 전중(典重)한 맛을 풍긴다.
공작초는 오히려 보라색에 눈이 부시다. 풀협죽도는 라일락 향기를
방불케 하지만, 보다 은근하고 자근자근하다.

기품으로는 언젠가 불회사에서 보았던 자란(紫蘭)이 일급이었다.
곱기로는 어느 휴게소에서 보았던 금낭화를 뺄 수 없건만, 자란에
비하면 음탕하다. 하기야 작고 외따로 핀 장미의 품새도 어쩌면
삼엄한 구석이 있었으니, 자신의 이름을 밝히고 중력에 대항하여
홀로 선 그 모든 꽃은 무한을 가리키는 손가락과 같다.

15. 북한의 국화는 진달래였는데, 어느샌가 함박꽃으로 바뀌었다.
지리산야에서 처음 본 함박꽃은 과연 촌스럽지만 단화(端華)하였다.
함박꽃은 얼핏 목련이나 후박나무꽃을 연상시키지만, 근일 쉽게 볼
수 있는 후박나무꽃의 향기에 비할 바 아니다.

내가 찔레꽃을 사랑한 다음부터 차츰 일없이 미워지는 꽃이 두
가지인데, 장미와 무궁화가 그것이다. 장미는 그 오연(傲然)한
구성 탓에 내내 미워 돌아가고, 무궁화는 (찔레를 두고) 제깟 것이
국화라니 더욱 우습고 밉상스럽다.

16. 능소화, 떨어진 꽃들을 묶어 들고 골목길을 접어드는데, 비에
젖은 백구(白駒) 하나는 나를 무시한 채 능소화만 치어다본다.
자귀나무꽃의 비단실은 세속의 비극을 미봉(彌縫)하려는 한없이
짧은 바늘손가락들이다. 수국이나 까치수염처럼 꽃들이 모여 또
다른 꽃을 이루고 있는 그 겹의 환영 속에서 오인(誤認)의 원형을
본다. 그러므로 오인은 그 형식과 내용에서 모두 반복(겹)이다.

싸리꽃이 초여름 바람의 전령이라면, 봉숭아는 바람이 없는 곳을

골라 나지막하게 여름을 이고 섰다.

17. 공원의 남쪽 켠에 오뚝하니 얼굴을 내민 수국의 둥근 세계도
탐스러웠지만, 그곳의 압권은 치자꽃이었다. 과꽃이나 찔레에
품었던 애정이 새삼스레 다시 샘솟고, 치자꽃 물들인 손수건 한
장을 얻었으면 가히 여한이 없을 듯도 했다. 기생초는 퇴기(退妓)의
되물릴 수 없는 행색이었고, 천변에서 본 달개비는 인간들의 빈터
가운데서 한가롭다. 기린초는 그 이름과 달리, 작은 것이 꽤나
번란(煩亂)스러워 보인다. 그 사이 떨어진 치자꽃을 모아, 오래 들고
다닌다.

18. 고창 출신의 요절한 천재 화가 진환의 소 그림을 뒤로한 채,
소처럼 미술관 뒷길을 얼쩡거리며 올랐다. 곳곳에 까치수염이
군락을 이루었고, 산딸기 무리가 소로를 따라 듬성거린다. 간간이
원추리와 각시원추리—그 따분한 여름 녹색 속에서 선정적인
방점(傍點)으로 시선을 휘어잡는 붉은 노랑—가 숨바꼭질하듯
값없는 눈길에 잡힌다.

산수국(山水菊)은, 그 소로가 끊어지면서 실개천이 도는 작은
계곡에서 불쑥 만났다. 한순간 신이(神異)한 느낌마저 일었고, 마치
무슨 정상(楨祥)인 양 그윽하게 내 시선을 맞는다. 네 마리의 나비
같은 잎은 어느 원심(遠心)을 향해 막 비상하려는 듯했고, 그 속에
작고 정교한 꽃들은 말 못 하는 사연을 모은 채 함초롬히 몸을
사리고 있었다.

19. 부용화, 그 분홍색 큰 꽃들이 차도의 매연을 견디며 흔들린다.
어느 한갓진 습지에서나 명찰(名刹)의 뒤켠 호숫가에서나 볼 것 같은
꽃들이 아스팔트의 변죽을 지키며 땅을 떠나지 못하고 섰다. 아이의
낯짝만 한 그 꽃잎들이 속절없이 속을 내보이며 속없이 웃는 모습은
차마 민망하다. 태산목이나 연꽃, 접시꽃이나 해바라기꽃도 작은
아이의 낯짝만 하지만, 부용화에 얹힌 민망한 기운은 찾아보기
어렵다.

이 기회에 잠시 부기하자면, 나는 그간 시인 도종환의 '접시꽃'과
'당신' 사이의 관계를 그 접시꽃의 멀쑥하고 소박한 자태로부터만
미루어볼 뿐이었다. 그러던 중 문일평(文一平)의 「花下漫筆」과
이것을 고쳐 쓴 정민의 『꽃밭 속의 생각』(2005)을 비교하면서
읽다가, 향일화(向日花)로 불리는 해바라기는 19세기 후반에
수입된 외래종 식물이고, 향일의 중세적 일편단심을 상징하는
꽃이 실은 접시꽃이었다는 사실을 알게 되었다. 그렇다면 도종환이
죽은 아내의 혼령처럼 호출한 그 접시꽃은 그 생김새와 무관하게
중세적 상상력 속에서 조형된 것일 수도 있겠다. 시쳇말로 큰 눈이
어리석다고 하더니, 큰 꽃의 상상력들이란 역시 속없이 어리석은
것뿐일까?

20. 얼마 전 어느 고마운 지기들에 섞여 청운사(靑雲寺)에 백련
구경을 갔다. 실로 그것은 노생지몽(盧生之夢)의 부류(浮流)를
일시에 정지시키는 기절(奇絶)한 광경이었다. 연꽃을 종교에 비기는

심사가 뚜렷이 잡히고, 한편 사진으로 잡은 연꽃의 몰취미를 견딜
수 없을 지경이기도 했다. 한아(閒雅)하고도 전중(典重)한 맛, 백련
사이를 거닐면서 그 모든 종교가 꽃잎 사이로 떨어지는 것을 나는
똑똑히 목도하였다.

21. 가는 곳마다 변형된 무궁화꽃들이 염천 아래 제 면목조차
건지지 못한 채 살그당거리고 있다. 고준(高峻)하지도 애상스럽지도
않은 이 꽃을 나는 애초부터 싫어하였고, 찔레꽃을 좋아한
다음부터 더욱 열심히 미워하고 있다. 어쨌든 장미니 벚꽃이니,
도무지 국화(國花)라는 종자는 하나같이 재미가 없어 100년 전
『황성신문』의 어리바리한 주장처럼 차라리 복사꽃으로 국화를 삼을
요량이다.

복사꽃이라면, 그 그늘 아래에서 차라리 약속하기라도 좋은 시절이
아닌가.

22. 집 앞 초등학교 주변을 산책하던 중에 만난, 비에 젖은 옥잠화가
상그럽게 희다. 그 너머 부용화, 그 턱없이 넓은 분홍은 부끄러움도
없이 제 혼자 한아(閒雅)한 기색이다. 그리고 붉은 배롱나무 아래,
보라색 달개비도 여기저기에 흩어져 있는데, 아, 철길의 침목 사이로
주름잎이 송글송글, 수개월 전의 그 옛 모습이 상기도 여전하다.

벼가 익고 은행나무 잎이 익는 가을이 도둑처럼 다가왔다. 나는
길가의 벼이삭을 처음인 듯 만지며 잠시 어린아이처럼 즐거워한다.

내 젊음이 덤으로 날아가는 그 어느 사이, 그 신성(神聖)의 노랑은 올 가을에도 언제나처럼 흥륭(興隆)하리라.

23. 요즈음의 산책길에는 매끈한 삼각형 이파리에, 분홍색 사탕이 조그맣게 바스라진 모습을 한 '며느리밑씻개꽃'이 흔하다. 며느리배꼽이니 며느리밥풀꽃이니 혹은 며느리주머니(금낭화)니 하는 며느리 꽃들은 내겐 낯설디낯선 '며느리'라는 낱말에 묻은 애환의 단층을 짐작케 한다.

인간의 세상을 교환(交換)의 구조로 여기는 일이 당연하다면, 가족들 사이의 교통을 맨몸으로 개척했던 '며느리'를 그 구조의 사북으로 여기는 일도 당연했을 터다. 그러면서도 그 첫 고비에 치러야 할 비용이 그토록 높았다는 사실은 나와 타자 사이에 가로놓인 심연에 대한 원초적 공포를 은근하면서도 지악스레 드러낸다. 이른바 '며느리-꽃'이란 바로 이 원초적 공포를 배출하는 자연적 히스테리의 전설적인 표현이었을 것이다.

24. 미꾸리낚시와 고마리와 며느리밑씻개는 모양새가 닮아 진득하지 못한 시선으로는 구분하기가 어렵다. 잎으로 치면 구별이 한결 쉬워진다. 하지만 꽃을 대하는 습관적인 시선을 꺾어 꽃에서 잎으로 내려오기가 생각보다 쉽지 않다.

그리고, 그 희미한 타성(惰性) 속에 우리 인생의 대부분이 낭비된다. 호르크하이머의 말처럼, '이미 짜인 틀 속에 구성 부분이 됨으로써 오직 그 틀만을 확인시켜주는' 그 낭비의 삶.

25. 우중 산책을 나섰다가 어느 무덤 옆에 귀신처럼 쭈그리고 앉아 여뀌와 이질풀을 만지작거리고 있는데, 아, '며느리밥풀꽃'의 군락이 지척에서 소리 없이 웅성대고 있었다. 인류의 교환사(交換史)에서 그 사북의 구실을 맡은 며느리들이 지한(至恨)의 먼 기억을 읍소하고 있었던 것일까?

26. 어린 딸의 손을 잡고 추색(秋色) 깊은 천변을 같이 걸으면서 꽃 이름들을, 그 명명법(命名法)에 얽힌 궂은 사연을, 애절한 역사를, 조곤조곤 일러주었다. 꽃의 아름다운 풍경이 말하지 못하는, 그리움과 학대의 역사가 상흔처럼 남겨놓은 그 이름들의 사회사를 조금 일찍 알려주었다. 그리고, 천변의 암반에 나란히 앉아 낙조를 손짓하며, 이 남자들의 세속 속에서 강하고 현명하게 살아가라고, 낮은 소리로 일러주었다. 아, 어린 딸의 표정은 벌써부터 연심(淵深)하구나!

27. 먼 찔레꽃을 그리면서도 코앞의 홍매화는 향긋하고 곱다. 목련꽃 그늘 아래에서 목련꽃을 잊어, 누가 뿌리기라도 한 듯 방긋거리는 봄까치꽃에 춘심(春心)이 마냥 쏠린다. 산수유 노란빛을 뚫고 그 사람만 지나가고, 아, 진달래 산길은 가을밤 떨어지던 그곳이다. 별꽃들 속에서마저 상처가 고인다.

28. 모처럼 오월의 앞산을 오르던 중에 흰제비꽃 군락이 성글게

구성된 것이 오히려 곱다. 연못가에는 살갈퀴와 주름잎이 한데
어우러지고, 봄까치꽃이나 봄맞이꽃도 이젠 봄을 잊었다.

산은(散隱)

낡고 소리 나는 자전거를 저어 천변에 닿았다. 요처를 골라 몇 차례 투망(投網)했다. 어른 손가락 크기만 한 피라미 열두엇, 빠가사리(동자개) 세 마리가 그물에 얹혔다. 빠가사리는 방생하고, 피라미들은 부침가루를 입혀 칼라하리 사막의 모래알처럼 바싹 튀겼다. 그리고 아, 세속의 절망도 모른 체하고, 야수처럼 씹어 먹었다.

인근에 사는 학생들 셋과 더불어 고덕산 너머의 큰 저수지를
찾았다. 담수(潭水)로 유달리 맑은 데다 호젓하고 담담한 모습이
호수를 방불케 해서 내가 독애하는 곳이다. 이미 밤 11시를 넘기고
있었다. 달맞이꽃만이 이곳저곳에서 하아얗게 번득일 뿐 안개와 숲
그늘에 젖은 사위는 칠흑 같고, 별을 뿌리친 붉은 보름달만 덩그레
무심하다. 학생들은 투망질로 얼룩동사리 수십 마리와 피라미
대여섯 마리, 그리고 외래어종인 배스 세 마리를 건졌다.

그 사이, 나는 한껏 차오른 죽음에의 충동으로 가벼운 혼수마저
느끼며 그 까아만 물속으로 헤엄쳐 들어갔다. 물과 하늘의 심연
사이에 아무것도 없이, 삶과 죽음의 경계가 그 희미한 수평선의
환각 위에 고스란히 어른거린다. 유독 P가 "선생님, 멀리 들어가지
마세요!"라고 반복해서 외친다. 나는 발밑을 스치는 차가운
수류(水流)를 느끼며 속으로 답한다. '아니야, 멀리 들어가야 해.'

스타일

모처럼 모악산을 찾았다. 거친 바람과 가을비가 숙진 사이로 검으락푸르락한 구름 세계의 한컨이 절승(絕勝)이다. 소로에는 누가 뿌린 듯 물봉선과 보라색 달개비가 여태 흐드러져 있다. 방긋한 유홍초가 몹시 곱고, 무덤 너머에는 돼지감자꽃이 엉뚱스레 얼굴을 든다.

C와 더불어 길게 걸으면서 다시 '스타일'을 얘기했다. 어떻게 스타일이 존재의 물매를 이룰 수 있는지, 묘사의 한 풍경으로 낙착하고 마는 스타일의 피상성은 무엇인지, 한국 사상의 자생력을 근심하는 자리에 스타일에 대한 숙려가 어떻게 개입해야 하는지, 오래된 물음들을 물먹은 꽃들이 흐느끼는 산책길을 거치면서 되새겼다.

가령 이명세를 두고 '스타일'을 들먹이는 순간, 스타일에 대한 묵은 오해와 혼란이 뱀 대가리처럼 솟는다. 형태와 색채를 향한 근근(勤謹)하고 세쇄(細瑣)한 관심은 스타일이 아니다. 스타일은 결코 공인(工人)이나 테크니션의 손끝에 묻어 있지 않다. 예를 들어 카뮈나 포, 혹은 이상(李箱)이 이룬 글쓰기의 성취를 일별해도 그

사실은 확연해 보인다. 이청준의 근작 『날개의 집』에는 "그림은
손으로 그리는 것이 아니라 마음과 몸 전체로 그리는 것 (…)
마음속에 그리고 싶은 것이 자라 오르면 손은 그것을 따라 그리는
것"이라는 대목이 있는데, 아쉬운 대로 스타일이 생성되는 이치의
한 층을 두루뭉수리하게나마 짚어내었다. 언어와 지식 그리고
자신의 몸이 단지 도구가 아니듯이, 스타일 역시 도구가 아닌
것이다.

각설하고, 왕가위의 「동사서독」(1994)이나 키에슬롭스키의
「블루」(1993)만 떠올려도 스타일리스트가 이른바 장인(匠人)과는
그 등급을 달리한다는 것을 느낄 수 있다. 존재의 물매로서의
스타일이라는 생각에는, 스타일이 곧 사상의 깊이를 이루는 층과
결의 움직임, 그리고 그 움직임의 자연스러운 길이라는 점이
전제되어 있다.

스스로를 '법칙이 아니라 법칙의 예외를 위해서 만들어진
인간'이라고 자평한 오스카 와일드는 이렇게 말한다. "내면을
표현하고 있는 것은 외면이고, 육신화된 영혼이며, 영혼을
지닌 육체인 것이다."⁵ 이와 마찬가지로, 스타일에 대한 논의의
하한선은 '현상의 배후에 있는 것을 찾지 마라'는 문호 괴테의
생각이다. 도구와 목적, 밖과 안, 현상과 본질, 껍질과 속알갱이의
분변지(分辨知)의 역량으로는 존재 미학으로서의 스타일에 이르지
못한다. 존재가 미학이 되는 지평은, 자신도 모르게 찾아온다.

일찍이 아도르노가 비판했듯이 스타일은 소비—지배의 심미적
등가물로 환원될 수 없다: 사이비 개성—'재즈 음악에서의 규범화된
즉흥성으로부터 사람들의 눈에 띄게 눈 위를 곱슬머리로 가리고
있는 영화 속의 기이한 인물에 이르기까지'—은 타락한 문화산업의
'새롭게 하기'라는 '새롭지 않기'의 나르시시즘에 불과해 보인다.
'존재가 곧 상품'이고 '언어는 곧 선전의 도구'로 낙착하는 세속에서
스타일 역시 문화산업의 경제사회적 장치가 되는 것은 쉬운
노릇이다. 이른바 기술복제의 시대, 이제 스타일은 유사(類似)의
격랑과 사소한 차이의 나르시시즘 사이에서 흔들리고 있는 것이다.

그러므로 '존재의 물매'를 이야기하는 스타일의 경우, 아도르노나
마르쿠제의 비판적 정신을 인문적으로 계승하는 부정성이 새롭게
부각되지 않을 수 없다. 스타일이 도구가 아니듯이, 거꾸로 그것은
노(no)라고 말할 수 없는 이미지들의 조합이어서도 안 되는 것이다.
존재하는 것의 전부가 이데올로기적 물화의 과정 속에서 쉼 없이
재생산될 때, 스타일은 자신의 몸이 어디에 배치되고 어떻게
분배되며, 결국 무엇에 복무하게 되는지, 깊이, 길게 근심하지 않을
수 없다. 그 근심은 스타일이 처한 현대적 환경의 근본적 성찰을
동반하며, 그 스타일을 내가 말해온 '무늬'의 존재론이라는 개념에
근접하게 만든다.

천변 산책(1)

오후 다섯 시를 넘겨 김밥을 싸들고 천변 산책을 나섰다. 추색 깊은
천공(天空)에 무연지심(無緣之心)만 간닥거릴 뿐이다. 황혼을 등에
지고 느리게 30여 분을 걷는다. 유홍초와 이삭여뀌가 길 양편에서
따로 군락을 이룬 꼴이 이채롭다. 주변이 어두워지면서 쑥부쟁이는
공작초처럼 푸르게 번들거린다. 그 사이 이파리 화석(化石)을 하나
주웠다.

좋아하는 소(沼)에 이르러 물속의 고기들을 즐기면서 홀로 김밥을
먹었다. 좌정한 채 잠시 명상에 들었다. 흘깃 주변을 살피니 물속에
그물망을 던져놓은 게 눈에 띈다. 줄을 당겼더니 망(網) 속에는
월남붕어 두 마리와 민물새우 네댓이 있는 게 죄다 튼실하다.
무조건 방생해버리고 휙 고개를 돌리자, 문득 해가 산속으로
떨어지고 말았다.

천변 산책(2)

'정신분석학과 철학' 수업을 파한 후에 늙은 학생 넷과 더불어 천변을 걸었다. 개중에는 실연한 B가 끼어 있었는데, 자연히 그의 고뇌가 시선에 잡혔다. 실로 회자정리(會者定離)이건만, 우리는 내내 그 방법을 고민한다. 가을 억새가 키를 넘기며 우슬거리고, 높아진 가을하늘에는 구름이 곰실댄다.

'그녀'를 잊지 못하는 B는 깊이 침묵하다가는 어느 순간 음성이 사위스레 높아지기도 한다. 손을 맞잡은 한 쌍의 젊은이가 입가에 아이스크림을 흘리면서 웃고 지나간다. 한 쌍의 노인이 손을 맞잡고 세월을 흘리면서 지나간다. '전화 한 통으로 어떻게 그렇게 끝낼 수가 있어요?' B는 낮은 미소를 흘리면서 볼멘소리를 보탠다.

아아, 과연 "사랑을 하면서 동시에 현명할 수는 없다."(베이컨) 그러나 사랑을 현명하게 끝낼 수조차 없는 것일까?

허소(虛疎), 혹은 존재의 온도

저수지 주변의 경색(景色)이 곱고 서늘하다. 차츰, 바람은
가늘어진다. 쥐꼬리망초와 산박하를 찾아내고 좋아한다. 역시
내가 책에서 벗어나는 방식은 산행이나 산책이다. 그 허소의 흔들림
속에서 문자들은 탈각한다. 그리고 존재는 제 온도(溫度)를 찾아
내려간다.

"나는 아마도 내 인생을 시작했듯이, 그렇게 마감할 것이다. 다시
말해 책들에 둘러싸여서."(사르트르)

내 관념론은, 행복한 사르트르처럼 할아버지의 서재가 만든 것이
아니었다. 그것은 적빈과 가족사의 불행으로부터 패퇴한 어린
단독자의 진지(陣地)와 같은 것이었다. 할아버지의 성채 같은 서재
속에서 '태도의 희극'을 익혀갔던 사르트르와 다르게 나는 헌책방
골목을 누비면서 한 달간 모은 돈으로 책 한 권을 쥐고 돌아왔다.
그리고 열 살도 채 못 되어 '운명의 비극'을 읊조리고 다녔다.

책의 성채, 그 비등(沸騰)의 골몰에서 빠져나와 천변을 걸으면서,
나는 그 옛날의 가난을, 책 한 권의 물질에 얹힌 추억을 되새긴다.

그리고 내 존재 속에서 그 허소의 낮은 가능성, 얕은 바람으로
흩어지는 겸허를 배운다. 나는 책 속에서 태어나지도 않았고, 필시
책에 둘러싸여 죽지도 않을 것이다. 언젠가 그 모든 책을 내 존재의
허소 속에 덮은 채, 또다시 천변을 거닐면서 이 삶을 끝낼 것이다.

은행나무 사이로 옛 신(神)들의 윤무(輪舞)가 눈부시다. 공혜(空慧)의
늦가을은, 늘 노을을 빗는 은행나무 잎의 추락이거나
가을걷이를 마친 빈터다. 그 빈터 곁으로 낙하하는 노란 신들의
손길을 느끼며 다시 허소(虛疏)의 존재론적 겸허를 배운다. 아, 벌써
1년인가.

떨어지고 비우는 일은, 올라가고 채우는 노릇이 숨긴 지평을
단숨에 보여준다. 공부도 사랑도 그리고 인생도 꼭 그 노릇의
허수(虛數)와 같은 것이다. 하지만 주체의 빛을 걷어내고 존재의
빈터로 옮겨갔다던 H의 치명적 실수는, 떨어지고 비우는 일 역시
그 자체로 아무것도 아니라는, 심오함 이후의 심오함에 게을렀던
것이다. 심오함은 그만큼 빠른 윤리를 요청한다. 낙하와 빈터는
결코 집착하지 말라는 또 다른 집착이 아닌 것이다.

『장자』 내편 「인간세」에 허실생백(虛室生白)이라고, '비우면
밝아진다'는 말이 있다. 그러나 자칫 그 빔(虛)에 지피기라도 하면,
다시 그것 자체로 오히려 밝음이라는 어두움에 얹히고 만다.
심오함은 구멍이 아니고, 현명함은 한시도 멈추지 않는 것, 바로

그것이 늦가을이 내게 남기는 공혜다. 그래, 너도 나처럼 '걷다가
죽어버려라.'

능소화 낙화 한 송이를 상의 주머니에 꽂고, 우산을 느리게 돌리며,
세속의 인연들을 낱낱이 끄집어내었다가 먼지처럼 날린다. 자갈이
우는 얕은 여울에 발을 담그고 앉아 고개를 드니, 앞산 는개를 뚫고
새떼가 아침처럼 솟는다. 낙조의 잔운(殘雲) 사이로 벌써 가을이
가깝고, 내가 아닌 '남'들만을 좋아할 수 있다는 깨침은 우련한 듯
다시 깊다. 남은 열정과 근심은 언제 다 버리나, 언제 내가 없는
그곳에 닿으려나, 빗물 새로 실은 전주천은 그 모든 욕심보다
빠르다.

천변 산책(5)

산책을 접고 구이 호수변에서 배스를 낚으려고 몇 차례 던졌지만
그들에게는 희소식이 내게는 무소식. 낚싯대를 팽개치고 어린애처럼
바지를 걷어올린 채 얕은 물가를 유유자적, 말조개라고 불리는
민물조개를 추적했다. 손바닥 크기의 말조개를 금세 10여 마리나
건져올렸다. 가을바람이 건듯거리는 속에서 모래 뻘 위에 남은
말조개의 행적(行跡)을 욕심 없이 따라다니며 나는 낮게 중얼거렸다.
"아, 다시 도시에서 살진 못할 게야!"
더불어 다닐 아내가 없어도 좋겠고, 칡꽃 냄새를 뚫고 반달을
얘기할 동무 몇이 있어도 좋은 날이다.

남문(南門) 장터에서 삼천 원짜리 저녁을 홀로 먹자니, 그
김씨(金氏)는 아니다 싶었는지 늙은 주모(酒母)가 유독 나를 살핀다.
소삽한 가을 기운이 완연하고, 일찍 뜬 달은 유난히 희다. 천변의
쑥부쟁이는 아직 덜 자랐지만, 부처꽃은 이미 이울었고 전에 없던
돌콩의 덩굴이 어지럽다. 사제관 아래, 전봇대 꼭대기에 남은
능소화 두어 송이는 마치 촉수 낮은 백열등 같다. 천변 낚시꾼이
바늘귀를 묶는 사이, 나는 잘도 걷는다.

물잔을 들고 천변을 걷다

그러면 메시아는 어디쯤에 있는 게 적절해 보일까? 메시아가
네 옆집에 산다면 그곳이 하필 네 집의 지근지처라는 바로 그
이유로 전염될 자학과 냉소는 반드시 너를 버린다. 그것은 네가
낳은 신(神)은 반드시 너를 버리는 이치와 똑같다. '사건'이 없어
교리(敎理)로만 자신을 나열한 신의 운명이 다 그런 것이다.
메시아는 지리산 속이나 혹은 영산강변을 살금살금 걷던 그
은일(隱逸)이었을까? 언거번거한 세속의 담론을 통으로 밟는 그
수행의 무게가 구원이었을까? 혹은 메시아가 런던이나 파리, 혹은
뉴욕이나 도쿄쯤에 있다면 그때야 너는 안상(安詳)한 표정을 지으며
드디어 믿겠는가? 아니면 경천동지할 새 지평을 물고 구름주단의
어름에서 행호시령(行號施令)하며 황금박쥐처럼 날아 들어오셔야만
고개를 끄덕이겠는가?

혹은 세속에 대한 겹의 각성(profane Erleuchtung)이면 족할까?
아니면, 상상해보라. 물잔 들고 천변을 걸어가는 네 동접(同接)의
발걸음 소리만으로 넉넉할까?

아, 찔레꽃

지난 일 년을 통으로 기다린 찔레, 앞산 무덤가에 기별 없이 다시 피었다. 사람이 아니었기에 오히려 그 기다림은 알찼던 것일까, 시간을 잊고 들여다보는 내 눈길 앞에 다만 무심하고 서늘하다. 말 많았던 사람들은 다 죽어 묻히고 그 곁으로 흔들리는 찔레, 그 붉고 흰 꽃 앞에 묵힌 내 말도 따라 묻는다.

역사(驛舍)의 곁길에는 봄볕이 눈을 찌르고, 고들빼기와 애기똥풀 군락이 끝나는 곳에 찔레가 담벼락을 넘는다. 나는 신발을 벗어둔 채 병자처럼, 엄마 잃은 아이처럼 앉아, 사람과 사람 사이에만 피는 찔레꽃을 가만히 훔쳐본다. (찔레 하나를 오래 그리워했더니, 그 사람이 나를 돌아보지 않아서 슬픈 게 아니었더라.)

찔레꽃을 기다리던 지난 일 년, 돌이킬 수 없이 분명해진 사실은, 사람이 사람을 기다릴-그리워할 수는 없다는 것이었다. 그 '기다림'은 혀 짧은 변명이거나 어수룩한 미봉이고, 정오(正午)의 환상이거나 이기적 결산(決算)에 불과했다. 돌이켜보면 일편단심, 전념집주하며 기다린-그리워한 것으로 내게 찔레만 한 것이 있었던가? 아아, 찔레, 그것은 사람이 아니었다!

5월 말의 전주천은 그야말로 물 반 고기 반으로, 그 수런거리는 소리가 차마 물 밖에도 들린다. 천변에는 꽃창포가 노란색과

보라색으로 떼를 이루어 갈라섰고, 군데군데, 자주괴불주머니와
토끼풀 군락이 시야를 분점(分占)하고 있다. 천변의 건너 쪽,
오동나무꽃들이 석양에 섞여 가슬거리고 그 아래는 마거리트 흰 꽃
무리가 산책자의 낯선 눈길 아래 열병(閱兵)한다. 피리 낚시꾼에게
말을 걸었더니 이곳은 붕어 자리가 아니라고 한다. 산딸나무 몇
그루가 몰려 있는 사제관(司祭館)을 지나면 곧 찔레꽃길! 오늘도
내가 너를 사랑하는 것에는 아무런 이유가 없다.
'연인은 기다리는 주체'(바르트)라지만, 기다림은 주체의 누수(漏水)일
뿐이다: 기다림의 끝에 쏠린 환상이 미래완료적으로 보내오는
환청(幻聽) 속에 임의로 행하는 투신(投身), 그것이 기다리는 주체다.
나는, 그렇게, 몇몇 인간을 그리워하였고, 훈련을 통해 마침내
그리움을 끊었으며, 그 여력(餘力)으로 아무런 생각 없이 찔레꽃으로
사랑하였다.

은행나무 신(神)

발에 익은 천변길을 내버려두고 단풍 소리에 이끌려 기차역 너머의
산길을 올랐다. 40여 분, 산의 이마께까지 올랐다가 낙엽에
가린 소로를 반갑게 찾아내고는 그리로 하산했다. 거의 평지에
이르렀을까 싶었는데, 문득 길이 끊기고 검은색 밤송이로 늪을 이룬
건천(乾川)의 좁은 계곡이 시야를 가로막는다. 잠시 난감해하다가
낮은 언덕 하나를 넘는 순간, 사위가 노-오-랗-게 밝아오는가
했더니 바로 그곳에 우뚝 솟은 작년에 보았던 신(神)들.
아, 은행나무 신들, 그 수많은 신 중에 내가 제일 좋아하는
신들이시다. 나는 손을 모아 경배하고, 철마다 그 천은(天恩)으로
눈을 맑히는 선물에 깊이 감사하였다.

합이호(盍已乎)!

산책할 곳을 이리저리 더듬다가, 야산 기스락에 옹글게 들어앉은
공원 묘지에 닿았다. 꽤 널찍해서 세상이 온통 무덤-밭처럼 보이고
문득 기운이 일신한다. 수천 기는 족히 되겠는데, 해 넘어가는
쪽에서 초로의 부부가 어느 무덤에 집착할 뿐 온통 적막하고
괴괴하다.

살아서 다투었을 그 많은 사연은 죽고, 한결같은 꼴을 한 무덤들은
솟아올랐다. 조화(造花)를 꽂은 무덤이 유달리 많다. 시체가 되어
돌-문패를 안고 똑같이 누운 것도 우스꽝스러운데, 봄바람 속에
감히 흔들리는 조화라니! 그 어떠한 성족(盛族)이라도 그 조상을
땅속에 묻기는 매한가지이니, 아, 묻힌 사연들을 따로 변명하는
작위는 이제 그만, 개인의 진실 속에서 독기(毒氣)를 품는 것도 이제
그만, 시체들이여 당신의 무덤 속에서 하아얀 손을 들어 서로의
손을 잡으라!

우스꽝스럽도록 나란히, 나 홀로 영원히 누워 있는 묘지들만큼
자유주의의 허황한 종말을 끔찍하게 암시하는 표적(表迹)은
없다. 삶의 중요한 지표들은 대체로 오인되는 가운데 역설적으로

재생산되곤 하지만, '자유'만큼, 필경 개인의 품목으로 오그라드는
자유만큼 역설적인 재생산도 없을 것이다.

자 유 롭 게 흩 어 져 서 자 유 롭 게 망 할 것 이 다 자 유 롭 게 흩
어 져 서 자 유 롭 게 망 할 것 이 다 자 유 롭 게 흩 어 져 서 자 유
롭 게 흩 어 져 서 자 유 롭 게 망 할 것 이 다 자 유 롭 게

강화도의 밤

강화도의 밤은 푸른색의 점묘(點描)였다. 동행들은 의도보다 빠르게 지쳤고, 모처럼 마신 술은 떫었다. 붉은 낫처럼 불상(不祥)스레 걸린 달은 갯벌 위의 안개를 뚫고 자꾸만 내 말을 식언(食言)했다. 갈 길이 보이지 않았고, 운전대를 잡은 L 선생은 자주 길머리를 놓쳤다. '선생님은 공사 간에 아웃사이더이시군요!'라고 C가 말했다. 그래, 길이 보이지 않으면 길이 되어야 하는데, 차마 눈앞이 섧다.

치자꽃

내 곁의, 치자꽃에 물드는 것은 운명이다. 그 운명을 값싼
낭만주의로 벗겨낼 수 있으리라고 믿는 것은 허영이다. 그러므로 내
물듦을 가장 낮게 예찬하는 것은 (R. 지라르의 말이 아니라도) 겸허한
개종이다. 오직 그 개종 속에서야 치자꽃의 진정한 향기는 다시
피어오른다!

나는 너 없이는 살아갈 수가 없다. 그러나 그 말보다 빠르게
살아가고 있지 않다면 그 말은 다시 허영이다. 그래서 그렇게 살아갈
수 없음을, 오직 살아가는 방식을 통해서 증명하는 것만이 유일한
개종이다.

내 선물은, 마치 내 편지처럼, 네게 너무 쉽게 전달되거나 영영
전달되지 않는다. 그 사이 선물은 온통 오해이거나 허영일 뿐이다.
그러나 내가 살아가는 방식 그 전체가 하나의 선물로서 (어느 순간,
휘영청!) 떠오를 때에만, 그 선물은 자신을 잊은 채 고스란히 네게
도착한다.

密陽(1) 말씨

이곳의 말씨는 부산의 것과도 사뭇 다르다. 피히테나 괴테나
하이데거나 아렌트 등의 지론과는 달리 그 말-씨 속에 아무런
형이상학도 비치지 않는다. 우선 내 관심이 내려앉는 층에서
변별점을 찾으면, 그것은 아직 도시의 말씨가 아니다. 말씨도
육체이며, 육체의 도시화가 무엇인지 우린 단박에 알아챈다.
그러나 강은 느리게 휘돌아 내려가고, 일기예보와 무관하게 햇살은
여여하다. 아무런 보편성 없이도 지역은 제멋 속에서 화평하다.

도심(都心)이 강섬(江島)에 들어선 경우인데, 어제 저물녘에 조금
빠른 걸음으로 일주했더니 약 50분이 걸렸다. 전주나 순창 혹은
정읍의 천변도 일급이지만, 이곳은 인구가 적은 데다 강폭이 족히
50미터는 넘고 강섬을 이룰 만큼 크게 회류(回流)하는지라 제법
유장(悠長)한 맛이 있다.

일주를 끝내고 잠수하는 오리 떼를 넋 놓고 따른다. 황혼의 물빛이
검실거리며 조금씩 짙어가는 위로 방향 없는 상념이 얹히고, 내가
이곳에 정착한 이유가 없음을 문득 깨닫는다. (나는 왜 이곳에
왔는가?) 하, 그것을 낸들 어찌 알겠는가?

密陽(5), 강(2)

도둑처럼 성벽을 타고 올라 무봉대(舞鳳臺)의 정상에 서니, 도시의
전경이 발밑에 아련하다. 막 전투가 끝난 전장처럼 마을은 짙고
묵직한 저녁 안개 속에 적요하고, 강과 산들의 육체가 한눈에
그득하다. 내가 좋아했던 음식점들이 어느 순간 하나둘씩 폐업해
사라졌듯이, 나는 늘, 아무도 없는 곳을, 그 빈터 속으로만 걷는다.
대정(大定)의 호수 같던 강은 산정에서야 비로소 그 음탕하게 굽은
몸을 내게 보인다.

이처럼 그 누구도 강의 '실체'를 알 수 없다. 타자들의 시선에 얹힌
그 낯선 외재성(extranéité)과 그 사건으로서의 지평은 말할 것도
없거니와, 내 시선이 몰아올 그 자가당착이란! 부분 속의 물화된
시선이 이윽고 상도한 그 전경(全景)은, 그러나 이미 그 강(江)이
아니다. 강은 늘 강 이상이거나 강 이하이거니! 오리 떼와 송어 떼가
보이는 강을 즐기는 만큼 산들을 비껴 흐르는 줄기로서의 강도
즐겁다.

설날 오후에 홀로 어슬렁거리며 밀양 향교를 찾았다. 거처에서
걸으면 불과 15분 안짝이다. 향교를 치받아 세울 듯이 언덕 사면을
덮은 아랫마을은 밀성손씨(密城孫氏)의 집성촌이었던 듯하고,
100년을 넘긴 고가(古家)가 꽤 여러 채 웅거한 채로 교동(校洞)의
옛 품위를 흘리고 있었다. 밀양 향교는 안동의 것과 더불어
영남의 2대 유향이라고 하지만, 내가 산책길에 들르곤 하던
전주 향교에 비하면 다소 옹색하고 고졸(古拙)해 뵈는데, 제법
학숙(學塾)의 운치는 갖추었다. 전주 향교도 건물의 배치에서 상례의
전학후조(前學後廟)가 뒤집혀 있긴 하지만, 밀양의 것도 강학하는
명륜당과 존성(尊聖)하는 대성전을 병립시킨, 다소 특이한 꼴이다.

향교 아래 입간판이 세워진 어느 고택(古宅)에 들어가 이곳저곳을
살피노라니, 아예 나이를 종잡을 수 없는 노파 한 분이 구렁이처럼
흘러나온다. 나는 얼른 마스크를 벗고 눈웃음을 지으며 인사를
했는데, 그 할머니 표정은 그저, 네 좆(?)대로 하시라, 는 듯
만고(萬古)의 풍상을 깊이 품었다.

슬기는 온기(溫氣)를 향해 낮아진다. 그것은 합리주의가 필연적으로
허무주의로 귀결되는 것을 막는 유일한 양보다. 그 지혜는
에고이즘과 나르시시즘을 동시에 제어하며 그 사잇길로 빠져나갈 수
있는 '희생'이다. 알다시피 그 모든 희생은 좋은 사잇길을 타야 하는
기술—이상의 기술이기 때문이다. 그렇게 말하자면 근기(根氣) 역시
온기로 향한다. 근기가 무의식의 생산성으로 나아가는 지름길이되
그것은 결코 기계적 무의식이어선 곤란하기 때문이다.

그러므로 '꼬막'이라는, 너와 나를 이어주는 탈자본제의 원초적
매개는 슬기와 근기가 온기의 꼭짓점 아래로 수렴하는 그 아득한
미래의 진경을 가리킨다.

밀양의 동북쪽 외곽, 전쟁조차 피해갈 듯한 산중 심처에서 이른바
천년송(千年松)을 만났다. 실로 무수한 '때(즘)'를 천운으로 용케 넘긴
'즘게'인데, 병소(甁宵)한 세인의 눈에는 이미 넉넉히 신(神)이다. 서너
길 높이의 둔덕을 가득 채우고도 우람하고 세세(細細)하게 내려뜨린
가지들은 차마 땅에 닿을 듯한데, 거대한 반구(半球)를 이룬 그
지붕은 한 세계를 거뜬히 품었다.

그 즉물적 외경(畏敬)은 순식간에 종교의 기원을 밝힌다. 흡입된 듯
나는 그 당산나무에 다가서려다가, 그날 밤의 동제(洞祭)를 떠올리곤
가만가만 변두리만 돌며 다만 그 웅자의 전모를 찬찬히 완상하였다.

대개 신목(神木)은 특별한 '장소'로서, 그 장소감은 신의 세속적
개입이 의례적으로 물질화되는 과정 속에 체감된다. 물건과 장소는,
아니 심지어 인간관계조차도 인간적 개입의 양식에 의해 그 성격이
바뀐다. 그래서 공간이 '사용'의 문제라면 장소는 무엇보다도
'개입'(참여와 관계)의 문제인 것이다. 그러므로 신목은 공동체적
개입의 양식에 의해서 성스럽게 변한 나무에 다름 아니다.
(좀 세속적으로 표현하자면) 당산나무인가 정자(亭子)나무인가 하는

것 역시 마을 공동체가 그 노거수에 개입하는 양식을 이르는 것에
불과한 셈이다.

고은은 제주도의 상처 입은 역사를 염두에 둔 글 속에서,
"한 지역에 대한 겸허하고 진지한 개입"을 요청한 바 있다. 그러나
'겸허하고 진지한 개입'은 지역(공간)의 문제만이 아니다. 그것은
'장소화'(E. 렐프)의 테크놀로지이기도 하지만, 무엇보다도 인문(人紋)
일반의 발상처인 것이다. 유목(幼木)이 무수한 세월 속의 '즘'들을
거치면서 이윽고 즘게로 변용하는 과정은, 곧 그 나무에 대한 그
마을 공동체의 겸허하고 진지한 개입의 역사와 일치한다.
그 역사의 물질성을 오롯이 담고 내 앞에 나타난 그 천년송은
그 외경스러움으로 산 아래의 세속이 영영 알 수 없는 어떤 '개입'의
무게였던 것이다.

아, 누식(累息)! 아, 복지(伏地)!

은난초도 백(양)선도 진작 꽃을 숨겼다. 어느새 그 많던 엉겅퀴도
보이지 않는데 더러 대궁을 잃은 줄기들만 횅하다. 매화노루발
하아얀 꽃들이 고개를 들지 못한 채 벌떼처럼 피어났다. 망초들은
여태 씩씩하다. 산뽕나무에 마음을 놓칠라치면 어느새 참취가
손에 잡힌다. 까치수영들도 점점 기세가 오른다. 사시나무의
요동(搖動)을 잠시 구경하고는 밤나무꽃의 자리를 염두에 둔다. 땅에
떨어져 노랗게 변색한 매실 몇 개를 만지작거리며 설렁설렁 걷다가
어느덧 산딸기 군락을 찾아냈다. 벼랑을 타고 내려가니 나무딸기가
즐비하다. 한 시간 좋이 넋을 놓고 딸기를 따는데, 이앙기(移秧機)를
타고 가던 노인과 힐끗 눈이 마주친다.

소풍(1)

산책길은 그야말로 '소풍'(逍風)이었다. 새로 얻은 자드락길을 좇아
길게 바장이다가 진달래가 핀 것을 알았다. 봄까치꽃은 지천이었고,
제비가 날긴 아직 이른데 드문드문 제비꽃마저 눈에 띄었다.
돼지감자 밭이던 곳에서 어린 고라니를 만났다. 그는 아무 낯가림도
없이 빤히 들여다보다가, 이윽고 나를 포기한 듯 등을 보이면서
노량으로 사라져갔다. 밀양의 강섬이 오련히 잡히는 산자락의
무덤가에서 시집을 읽다 말다 하였다. 낙조(落照)가 부드럽고,
봄날이 다시 왔다.

비 온 뒤라 매화는 더 함초롬한데, 길가의 움파리에 떨어진
꽃이파리들도, 한 닢 한 닢, 제 운명 속에 속절없다.
일껏 이룬 것을 한순간에 놓치기는 꼭 어떤 사람을 닮았다.
그중에 이파리 셋을 거두어 왔다.
각각에 이름을 주고,
내 방(房) 속의 방에 다시 띄웠다.

밤이 오고, 달이 뜨면, 그 셋이 곁말로 시끄러운 일은 먼 훗날에야
알겠다.

소풍(3)

꿩이야 흔했다. 내가 독애하는 자드락길에 또 고라니가 나타났다.
쏜살처럼 내달리는 것을 넋 놓고 잠시 바라만 보았다. 운 좋게도
오늘은 난생 처음으로 살쾡이(삵)를 만났다. 마침 쌍안경을 지니고
있어서 자세히 뜯어볼 수가 있었는데, 역시 야생이라 고양이와는
비교할 수 없이 날래고 우아했다.

꿩이란 게 워낙 제 놀라고 내 놀라키는 것이지만, 이놈은 조금
우스웠다. 내 인기척에 놀란 꿩이 후드득거리면서 몸을 띄우긴
했는데, 미처 나를 보진 못했는지, 얼씨구 내 쪽으로 날아든다.
속으로 (내가 그간 불량 학생들은 적지 않게 보았는데 이런 불량한 꿩은
처음이군!) 하고 가만히 섰으니, 아나나 다를까 뒤늦게 나를 간파한
이놈은 허공에 뜬 채로 발을 굴리면서 아우성을 친다. (허, 이 불량한
놈, 명색이 새란 게 비행술이 나보다도 허술하군!) 하였더니, 그제야 90도
변침(變針)으로 급선회를 하곤, 행글라이딩만도 못한 꼴로 언덕
사면을 내리 구른다. (허, 불량한 놈은 떠날 때에도 영 불량하군!)

황사가 지척을 가린다. 도심을 벗어나자 마치 서부 활극이 펼쳐질
듯한 황무지처럼 사위가 노랗다. 모든 운명은 이 같은 착시(錯視)
속의 한 풍경에 맺힌 긴 상처의 기억과 동반한다. 극(劇)이 없다면
운명도 없으니, 시선이 없다면 영웅도 없다. 황사는 봄을 기다려,
언약한 장소를 휩쓸며, 도시의 시선들을 낮게 접는다. 황사는
기별이 없는 전령이다. 봄을 볼 수 없다는 사실을 알리지만, 정작
황사는 유일한 봄이다.

재첩 한 알

비오는 장날, 비가 불러 장날 속으로 나갔다. 초상집의 꽁지 탄
강아지처럼 바삐 어슬렁거리면서 감자와 찐 옥수수를 샀다. 잠시
어지러운 눈길을 쏟다가 그만 귀가하려는 사이에 가판 위의 때깔
좋은 바지락이 눈에 띄고, (아, 조개 된장국!) 이천 원을 내밀면서
그저 조금만 달랬는데, 1킬로그램에 삼천 원으로 그 아래로는
아예 팔지 않겠단다. 삼십대 중반으로 뵈는 그 단단한 아주머니,
이상하게 눈을 흘긴다.

그 눈총을 뒤로 흘리고 일없이 시장을 한 바퀴 더 돈다. 다시
접근해서, 그럼 1킬로그램을 주세요, 나는 난생 처음 칼을 잡는
무사처럼 호기롭게 외쳤다. 그 아주머니는 덤이라면서 1킬로그램이
아니라 정확히 2킬로그램을 계량해선 무턱대고 건네주더니, 또
덤이라면서 된장국을 맛있게 끓이는 법을 장황스레 일러준다.
나는 길에서 이모(姨母) 만난 아이처럼 대충대충 흘려들은 채
돌아서려는데, 문득 그 이상한 아주머니는 새끼손가락 손톱만 한
노오란 재첩 한 알을 집더니 (덤이라면서) 내 바지락 봉지에 던져
넣는다.

무지개

짧은 소나기가 잦아진 뒤로 급하게 벗개더니, 송림의 먼 쪽
어름에서부터 한순간에 무지개가 일었다. 나는 언덕길의 움파리를
피해 걸으며 급하게 무지개를 쫓았다. 남해의 어느 해안에 꽂힌
쌍무지개가 차마 얼굴을 적실 듯하던 게 1994년이었는데, 이처럼
다시 손에 잡힐 듯한 게 근 14년 만의 일이다. 그 누구도 걸어
무지개를 잡을 순 없지만, 그러나 걷지 않으면 차라리 무지개는 없는
것이다. 그것은, 내가 걷기에 달아나는 무지개의 섭동(攝動)이 다시
내게 체인(體認)되는 속에서만 가능한 사건!

이상한 방생

이선생은 따로 털게만 6만 원어치를 사왔다. 어시장에서 다른
상인에게 낙찰된 것을 굳이 사정해서 되사왔을 정도로 정성이
대단했다. 이틀을 냉장고 야채칸에 방치했다가 팽살(烹殺)하려고
꺼냈더니 몇은 거품을 물었지만 대체로 생생했다. 이선생과 그
후학들이 세속을 근심하는 사이, 제일 작은 놈 하나를 빼돌려
슬그머니 바닷가로 들고 나갔다. 햇볕이 들고 날씨는 풀렸으나
파도는 거세고 한 떼의 갈매기들만 득시글거린다. 철조망 한
곳의 틈을 벌려 게를 바닷가 쪽으로 들여놓았다. 바닷물까지는
10~15미터의 거리인데 이제부터는 제 놈의 운으로 천방(天放)을
구할 노릇. 모임을 파하고 귀가하던 날 아침, 나는 냉큼 그곳을 다시
찾았다. 털게는 내가 놓은 자리에서 바닷가 쪽으로 정확히 1미터
지점에서 집게발로 하늘을 찌른 채 뻐드러져 죽어 있었다. 나는
포말로 부서지는 파도결에 마음을 씻으며 그가 밤새 포복한 흔적,
개인의 호의가 미치지 못하는 그곳을 가만히 살폈다.

자귀나무

내가 10년을 살던 전주(全州) 인근에 자귀나무가 흔했는데, 학교
뒤편의 호숫가에는 어느 고위 관료의 벽돌집 별장만 덩그라니,
소문도 맥락도 없이 들어서 있었고 그 철문 옆에는 드물게도
앙바틈하게 생긴 자귀나무 한 그루가 수문장처럼 붙어 있었다.
인근의 국도(國道)가 가지를 치면서 새로 길이 놓이자 그 별장이
철거되고 주변은 공활(空豁), 호젓했지만, 자귀나무는 일없는 듯
연신 새 꽃을 선뵈고 있었다. 나는 애잔한 심사를 머금고 그 주변을
걷곤 했는데, 는개가 잦던 그 산책길에는 그때마다 검은 고양이 한
마리가 자귀나무 분홍 꽃을 집어먹고 있었다.

하양(河陽) 너머

하양(河陽)이라는 예쁜 지명이 이미 예감이었을까. 시골 버스가 제법
달려 조계종의 10교구 본사라는 영천 은해사(銀海寺)에 닿았다.
일주문(一柱門)에 추사가 쓴 현판 '寶華樓'(보화루)와 성보박물관에
소장된 '佛光(불광)'은 넉넉히 살폈지만, '大雄殿'(대웅전) 현판은
사라지고 대신 무슨 행사 탓인지 금박을 한 '極樂寶殿'(극락보전)이
내걸려 있었다. 추사의 글씨는 말 그대로 서권기(書卷氣)에 얹어
그 '구체적 추상'(怪)을 직관할 것이지만, 그것도 만만하게 강요할
노릇은 아니다.

아담하고 초솔(草率)한 산령각(山靈閣)은 슬그머니 해학적인 게
몹시 인상 깊었다. 잠시 곁에 앉아 '사찰은 여름이 제맛'이라는
정취를 새삼 느낀다. 일타 스님이 기거했다는 한옥은 정갈하고
단묘(端妙)했는데, 현판에는 암호 같은 초서로 '雨香閣'(우향각)이라고
씌어 있다. 수령 삼백 살에 이르는 소나무 숲길 2킬로미터를
걸으면서 '축지'(飛步)의 뜻을 헤아리고, 탁족(濯足)을 하면서
쉬엄쉬엄 도착한 운부암(雲浮庵)은 그야말로 진경이었다. 암자 앞의
계곡물을 돌려 잡아 못을 만들고 그 위편에 거대한 달마상(像)을
세운 게 무척 이국적이다. 그 달마를 닮은 듯한 선원장(禪院長)의

배려로 늦은 공양을 하고 잠시 주변을 둘러보았는데, 마침 하안거 결제 중이라 경내는 자못 엄중하고 선방에서 나오는 죽비 소리가 다시 하얗−다.

전라도를 떠나다

1. 물그림자는 물속에도, 물 밖에도 없지만, 그것은 결국 물과 더불어 있을 수밖에 없는데, 이방인의 시선으로 세속을 지나가는 이들에게 '체험'이 꼭 그런 것이다. 한 지역을 길게 겪으면서 얻은 존재의 다른 그림자는 그 존재가 세속을 뚫어낼 때 미신(迷信)처럼 원조한다.

2. 나는 통영에서 태어나 부산에서 성장하였지만, 전주 천변을 사랑하였고, 광주 여인네들의 '악센트'와 성조(聲調)를 사랑하였고, 변산반도의 검은 수평선을 가없이 사랑하였다.

3. 김제의 그 노오란 평야를 사랑하였고, 만경강의 그 구리색 점토를 사랑하였고, 인적 없는 금강(錦江)의 잿빛 넘실거림을 사랑하였고, 남원과 정읍의 그 가을 색 천변길을 무척이나 사랑하였다.

4. '의욕'의 힘으로 단숨에 고향을 잃은 나는 전라도를 무척 사랑하였으나, 전라도도 경상도도 내겐 아무것도 아니라, 마치 세속과 불화하는 이유가 극락이 아니듯이, 극락도 세속도 아닌 그 마음으로 나는 전라도를 떠난다. 언젠가 은행나무 노란 것에 나 홀로

덮여 이 세상을 떠날 것처럼 나는 전라도를 떠나며, 아무런 희망
없이 내 기억 속에 묻힐 그 전라도를 애도한다.

우산

먹장구름이 얼핏거려 10월의 소랭(蕭冷)한 산책길에 우산을 들고
나섰다가, 그 우산을 잠시 연인의 손인 듯 만지작거린다.

중학교 3년 동안 내겐 우산이 없었다. 어쩌다 얻은 우산은 어머니나
여동생 차지였다. 우천 시에 나는 영락없이 못에 빠진 생쥐
꼴이거나, 아니면 주로 비닐이나 시멘트 포장지를 적당한 크기로
잘라서 머리에 뒤집어쓰고 다녔다.

희미한 기억이지만, 빗속의 통학길을 한 시간씩 하염없이
걸어다니면서, 나는 이 나라를 떠날 공상에 골몰하곤 했다. 나는
벼락같은 미래를 꿈꾸었으나, 내 현실은 홍수(洪水)일 뿐이었다.
비슷한 공상을 공글렸던 여동생은 오래전에 이 나라를 떠났고,
어느새 10억짜리 3층 주택을 사서 적지 않은 우산을 떠받치고 산다.

이제 내게도 네 개의 우산이 있으니, 수갈불완(短褐不完)의 신세가
영영 끝난 것일까?

홍시

마을 산책길에 물러터진 홍시를 보니, 문득 추억 하나가 가느다랗게
돋는다.

*

여동생이 서너 살이고 내가 예닐곱 살경 어느 옛날. 단 둘이서
한 시간 넘게 전차(電車)에 몸을 실어 부산 서면(西面)의 외삼촌
댁을 향하는 길이었다. 당시의 왕복 전차표는 5원이었던 듯싶고,
그 돈이면 손수레 꿀호떡을 10개쯤 먹을 수 있었다. 서면은
남항(南港)과 연접한 광복동/남포동 지역과 더불어 부산의 양대
번화가로, 당시 도로변에는 난장이 장사진을 쳐서 말 그대로
난장판이었다. 난장은 갖은 진괴(珍怪)들과 음식의 만화경으로, 이
난장판을 지나는 길은 지극히 유혹적이었다.

우리는 끝내 그 유혹을 참아내지 못하고 어느 엿판 앞에서 걸음을
멈추었다. 여동생은 엿가락에 온통 마음을 빼앗긴 채, 한자리에
붙박여 만사를 잊어버린 듯했다. 그렇게 3년 만에 다시 만난 님
보듯이 엿가락만 한없이 바라보던 여동생은 어느 순간 잽싸게 손을

뻗어 엿을 움켜쥐는 것이었다. 참으로 대책 없고 맹랑한 노릇.

여동생이 그 엿가락을 잡아채는 순간, 그 좌판의 상인 아저씨가
실색(失色)한 표정으로 대번 험상궂게 다가섰다. 턱없이 저지른 일에
스스로 기급한 여동생은 '아앙!' 하고 울음을 터뜨렸지만, 그 황급한
지경에도 횡득한 엿가락만은 놓치기 싫었는지, 그것을 그만 내
호주머니 속으로 집어넣고는 내 등 뒤로 꼴까닥 숨어버렸다.

이로써 내가 범인, 여동생은 하수인쯤으로 사태가 돌변했고, 흥분한
엿 주인은 어린 여동생은 그냥 두고 내 멱살을 틀어쥐고는 개 패듯이
후려치기 시작했다. 여동생이 내 허리춤을 생명줄처럼 붙잡은 채
초상난 듯 줄곧 울어젖히는 사이, 나는 오라지게 얻어 터졌는데,
결국 내 양쪽 뺨이 물러터진 시월 말 홍시의 형국에 이르러서야
풀려날 수 있었던 것.

네 명의 후배는 대웅보전 마루에 엎드려 삼배(三拜) 예불을 드린다.
나는 홀로 바장이며 어둑시근한 사찰의 변두리를 살피니, 일찍 돋은
달은 어제의 기억도 없이 천고의 기운을 띤 채 공활(空豁)하다. 저녁
공양을 마친 비구니들이 두엇씩 짝을 지어 동산 주변을 나비처럼
부니는데, 나도 그만 동네의 왈짜가 되어 이 파아란 수행자들의
꼬리를 잡고 일없이 희영수나 하여볼까…… 그들을 좇아 걸으며
꽃구경을 하고, 무심하게 손을 씻고, 혹은 불이문(不二門) 너머를
가만히 염탐하다가 이윽고 뒤편의 천변에 이르렀는데, 소설 쓰는
D가 연전 마침 이곳을 찾았을 때를 떠올리면서 내게 일러주기를,
소녀 같은 비구니 몇이 이 천변에 어울려 노래를 부르다가 D의
인기척 탓에 그친 노래가 이것이라고 한다.

"사랑은 한순간의 꿈이라고
남들은 웃으면서 말을 해도
내 마음 모두 바친 그대
그 누가 뭐라 해도 더욱더 사랑해."

상호(商號)마저 '분식'일 뿐인, 1970년대 재개발 건축물을 연상시키는
허름한 어느 식당에 찾아들었다. 메뉴라고는 칼국수와 팥죽뿐이고
변변한 홀도 없어 사랑을 개방해서 손님을 맞지만, 맛만큼은 결코
가볍지 않고, 음식을 담고 내는 솜씨도 이곳 전주의 전통을 가리지
않을 정도는 된다. (특히, 김치 같은 것은 그 담고 내는 솜씨만 읽어도 그
속내가 훤해지는 법.)

식당의 분위기나 그 가격(삼천오백 원) 때문이기도 하겠고, 일종의
노인공원이 되어버린 '경기전'과 가까운 곳이라서도 그렇겠고,
또 주식이 팥죽이라 그렇기도 하겠지만, 이곳은 유달리 노인들이
자주 찾는다. 마침 그 시간도 할머니 네 분, 할아버지 두 분이
옹기종기 모여 앉아 하나같이 팥죽을 드시면서 정담을 나누고
있었는데, 그중 비교적 나와 가까운 자리에 계시던 두 분 할아버지의
이야기가 내 귀를 찔러 들어왔다.

그분들의 주제는 다름 아닌 '봄날은 간다'였던 것이다. 이야기 중에
두 분이 오랜 지기인 듯한데도 불구하고 서로의 연세를 재확인하는
절차(?)가 있었는데, 가만히 귀를 기울이니 한 분은 일흔여덟이었고,

또 한 분은 일흔여섯이었다. 농사일로 세월을 다 보낸 듯, 늙음에 대한 그들의 대화는 줄곧 이런저런 작물의 한살이를 묘사하면서 이것을 인생의 무상에 비기는 식으로 진행되었고, 그 거칠면서도 넉넉하고 지혜로우면서도 정감 있는 묘사와 비유가 무척 흥미로웠다. 그러다가 죽 한 그릇이 거의 다 비워지면서 마침내 그 대화의 마무리에 이르자, 그중 한 노인이 마치 무슨 결론이라도 내리듯이 '죽음의 준비'라는 테마를 끄집어내었다. 그 사이 이런저런 감상을 늘어놓긴 했지만, 그분 말씀의 요지는 결국 '산 사람들과의 이별을 위한 화해'였다.

마치 평생의 여러 불화가 주마등처럼 한눈에 스치는 듯 아득하고 꽤 비감한 표정을 지으면서, "죽기 전에 다 찾아가서 화해해야지, 아무렴" 하는 말을 연발하고는 느릿느릿 식당을 빠져나가는 것이었다. 나도 속마음이 스러지는 기분에 휩싸이며, 불현듯 그들이 저런 걸음과 저런 표정으로 다가가서 화해를 청한다면, 어느 모진 인간이 있어 그 제의를 거절할 것인가, 하는 둥그스름한 사념이 일기도 했다.

나로 말하자면, '독기'와 '용서하지 않기'를 떠들면서, 감상적 화해의 제스처를 극력 경계해왔다. 다른 글에서도 소략히 짚어본 대로, 이른바 다정불심(多情佛心)의 경지는 결코 만만하게 넘볼 수 있는 것이 아니라고 여기기 때문이다. 콘텍스트를 무시한 텍스트의 동거, 아무런 실질적인 변화 없는 낭만적 화해, 따짐과 헤아림도 분명하지 못한 감상적 청산, 결국 망각에 불과할 뿐인 용서 등등 이 모든 것은

내게 한심한 나태, 두루뭉술한 미봉(彌縫)에 다름 아닌 것이었기
때문이다.

삶과 죽음은 유일회의 사건이며, 준비되지 못한 종말에 때로 예상치
못한 여러 감상이 일긴 하겠으나, 성숙의 미학적 변용에도 이르지
못하는 그 한심한 감상을 다시 맛보며 옛 '인간의 굴레'를 재확인하기
위해서 걷고 또 걷는 것은 아니지 않은가.

앞집 여자

앞집 여자가 찾아왔다. 삼십대 초반의 젊은 주부다. "안녕하세요?"에 이어서 대뜸, "여기, 아무도 안 사세요?"란다. 내 곁생활이 무형무적(無形無迹)하니 빈집인 듯 여긴 모양이다. 제법 숙찰(熟察)한 끝에 찾아온 듯한데, 표정은 영 생뚱맞다.

어색한 공간을 사이에 끼고 잠시 인사를 주고받으려니 문득 건너온 뜻이 잡힌다. 내가 아니라, 내 아내를 찾아온 것! "아, 혼자 사세요……?"

나는 차 한잔 건넬 요량도 못 한 채, 그저 목연(穆然)한 표정만을 유지하며 죄 없이 서서 그녀의 다음 말을 기다릴 뿐이었다. 그녀 역시 입추지지(立錐之地)도 없이 흔들리는 듯 당황스러워하더니, 끝말을 잇지 못한 채 "그럼, 안녕히 계시"란다.

나도, "그럼, 안녕히 가시라"고 돌아서니, 부엌 창문 곁에 달린 조명등이 저 홀로 조요(照耀)하다.

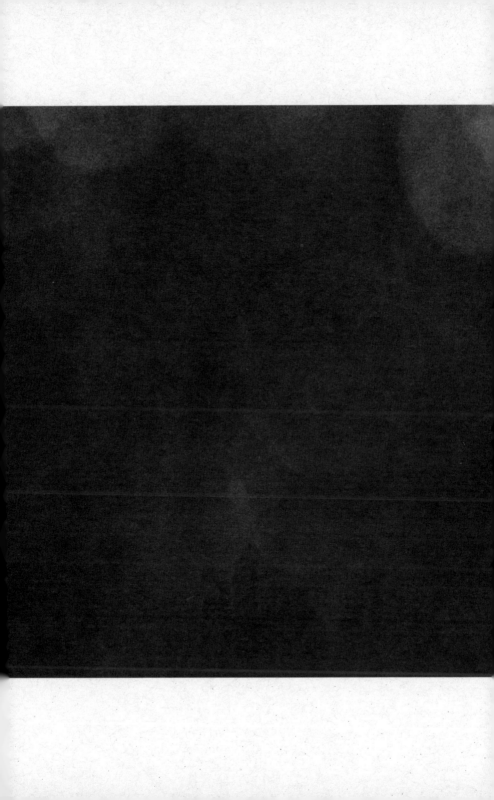

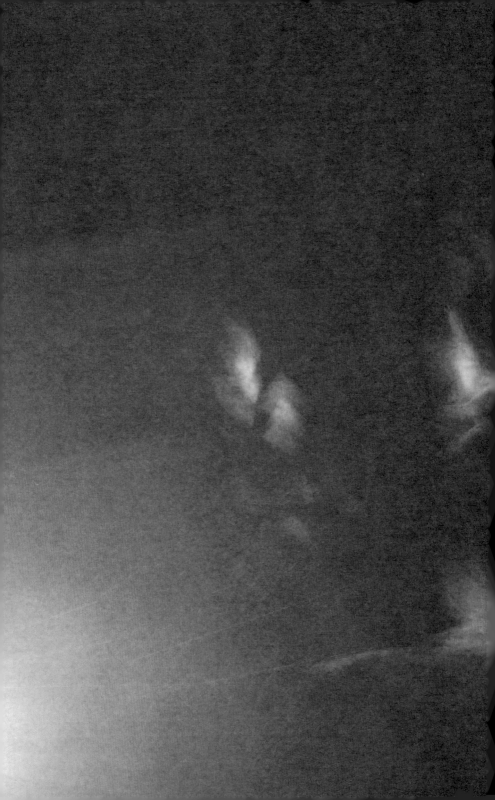

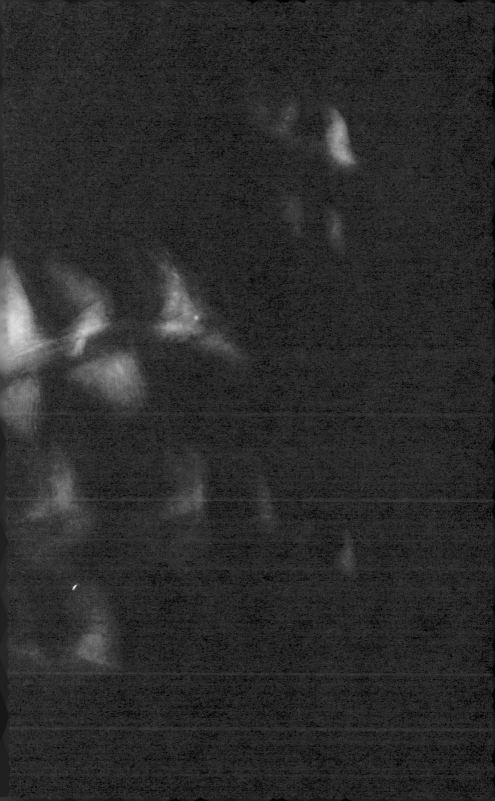

1. 이사는 어떤 망각이고, (바타유가 어느 곳에서 비슷한 이치를
밝혀놓은 게 있지만) '생존의 조건'이다. 옛 애인은 잊히는 것인데,
잊지 못한다고 엉너리를 치는 일은 더러 유쾌하지만 진실은 아니다.
이곳에 있으면 결국 이곳에 있는 것이다.

2. 유학생활 3년을 마치고 귀국하던 날과 군생활 3년을 마치고
귀가하던 날을 생생히 기억한다. 그러나 그 기억은 텅 빈 것이다.
그런 뜻에서 모든 이사는 죽음을 방불케 한다. 이를테면, 그 모든
알뜰한 과거가 이별의 자리를 외면하는 것이다.

3. 이사는 재배치만이 아니라 재구성이다. 예를 들어 내가 부산에서
전주로 옮겨갔을 때에 특히 그러했던 것처럼, 위치와 장소가 바뀌는
일은 새로운 삶을 기약한다. 물론 그 기약은 '체념'을 딛고 일어서서,
불화의 창의적 일관성이 어떤 희망의 물매를 얻도록 이드거니
걸어갈 때 현실화된다. 모든 발견이 구성적 개입의 그림자에 의해
포개지는 것처럼, 그 몸을 움직이는 것으로써 이미 그 몸은 바뀐다.

4. 이른바 '땅집'으로 거처를 옮겼다. 해만 지면 천지가 먹물 속인 듯

새까맣고 무음(無音)의 공간 속에 내 눈동자만 오롯하다. 늦은 귀가
중에는 꼭 비닐하우스 사이에 우두커니 서서 세속의 근심을 잊은
듯 한참이나 하늘을 올려다보곤 한다. 잠자리는 차마 '하루살이'의
무덤 같은데, 죽음 같은 잠이 옅어지면서 한지(韓紙) 문으로 햇살이
가슬거리고, 그 투광(投光)의 밀도와 여운이 바뀌면서 찾아드는
자연의 결은 꼭 그대로 시계와 같다.

5. 한옥이나 한지문은 안팎을 서로 가리긴 하였지만 결코 나누진
못한다. '숨을 쉰다'는 말은 과장이긴 해도, 집은 소비자의 눈을
넘어 조용히, 긴밀하게 천지와 통한다. 그래서 그곳에서는
일반가치(화폐가치)의 수평적 교환망(網)으로 휘덮을 수 없는
비대칭의 물매와 그 곡절이 가득하다. 그 곡절은 섬세하고
차분하지만, 실은 자연이 바로 그런 것이다. 가리긴 해도 나눔이
없고, 나눈 듯싶어도 이미 넘나든다.

6. 외집치(외이당-집들이/풀이-잔치)를 치르면서 의견이 확연하게
둘로 나뉘었다. 나를 사랑(?)하고 근심(!)하는 몇몇 후배는 집을
잘못 구했다고 확언하면서 원성(怨聲)을 높였다. 지세(地勢)가
낮아 습하다느니, 인근 산허리에 고압선이 흐른다느니, 집 곳곳에
냄새가 짙다느니, 비가 길어지면서 아궁이에 물이 차는 집이
어떻게 정상이냐느니, 황토방의 색깔이 아무래도 이상하다느니,
그곳의 벽에는 금이 가고 아래쪽에는 물기가 배어난다느니,
(급기야는) 하여간 '무엇'인가 이상하다느니…… 입을 모았다. 더구나
아래윗집 사람들은 집을 턱없이 비싸게 샀다면서 '물정 모르는

사람'이라고 혀를 찼다. 나는 이들의 지적과 근심에 얹혀 얼마간 속이 상하였으나, (거꾸로) 이 이상한 집을 매정하게 사랑하기로 했다. 이 집을 내 '장소'로 만들어내기로, 그리고 나를 사랑하고 따르는 후학들의 몸과 정신을 키우는 배움터로 일구어내기로 하였다. 이 속물들의 자본주의에서 그 누군가 반드시 손해를 보아야 한다면, 그것은 다름 아닌 내가 되어야 하지 않겠는가? 어쨌든 일모도원(日暮途遠)이니 하여성도(何如成道)가 삶의 알짬이 아니런가?

7. 화장(化粧)을 할 수 있을 때에는 혹은 할 수 있다고 '생각'할 때에는 아직 그 얼굴의 비밀을 알 수 없는 법이다. 얼굴의 실체는 표면적 화장의 차원에서는 영영 알 수 없는 구조 변동을 통해 현시되기 때문이다. 사물의 몰락은, (정확히는) 몰락하는 사물은 구조를 보여준다. 마찬가지로 사물의 몰락, 다시 말하면 '사물 표면의 부서짐은 그 안에 담긴 비판적이며 유토피아적인 계기를 풀어놓는다'는 벤야민적 사유는, 그 자신의 해설처럼 상품교환의 물신화 너머를 상상하게 한다. 집이란 집은 모두 땅을 향해서 무너져 내린다. 화장 따위로는 영영 메울 수 없는 그 허물어짐은, 그러므로 일종의 계시다. 그리고 그 속에서야 알 수 있는 구조적 변동은, 무너지지 않는 도시의 ('집'이 아닌) '다테모노'들의 기원과 이력을 알린다.

8. 채-나눔은 동선의 교란을 가져와 잠시 '공간적 혼란'(atopos)에 휩싸이게 만든다. '창의적 불화'처럼 의욕의 재구성을 위한 혼란!

이곳에 정렬되어 있었던 것들이 아쉽게 없고, 저곳에 놓여 있던 것들이 천연덕스레 이곳에 앉아 있다. 하나의 동일한 채(寨) 속의 분할에 의해 가능했던 것들이 채–나눔에서는 아예 불가능하며, 이미 (재)배치의 무의식은 과거를 성가시게 고집한다. 그러나 궁(窮)해서 통(通)하게 해야 한다. 그 불가능 속에서 새로운 장소성이 태동하도록, 그 불편 속에서 새로운 운신의 가능성이 생성되도록, 그 무능 속에서 새로운 생산성이 돋도록 해야 하는 것이다.

눈 내린다. 내겐 첫눈이다.

글자들은 동결되었고 연전에 건네받은 홍갈색 음반이 저 홀로
운다. 신(神)도 아내도 자식도 새로운 연애의 언약도 없이 행복한
자, 일없이 무람없이 죄 없이 행복한 자, 차(茶) 내놓아라 술
가져오너라 소리지를 동무 하나 없이 행복한 자, 시속의 흥체(興替)
너머 천방(天放)한 자, 희망을 손으로 만지며 회색의 저녁 하늘을
웃으면서 건너가는 자, 이 오후 가만히 손을 저어 내게로 오라.

눈 내린다. 내겐 여전한 첫눈이다.

어떤 슬픔/a certain sadness

오후 내내 어떤 슬픔 속에 묻혀 지낸다. 이 슬픔은 기원도 내력도, 심지어 표정도 없으니, 어느새 내 존재는 아무도 기억하지 못했던 그 슬픔 속으로 가만히 내려앉는다. 감미롭고도 낭랑(浪浪)하다. 어떤 종교에서도 어떤 학습 속에서도 없었던 슬픔이며, 어떤 음악에서도 어떤 이별 속에서도 없었던 슬픔이며, 어떤 형이상학에서도 어떤 유행 속에서도 보지 못한 슬픔이다.

진부하지 않은 슬픔의 힘이여, 낮게만 흐르는 내 인생의 결, 지는 싸움이여.

All afternoon as long as it could be, I remained in a certain sadness. I could not ask of its origin or history; it even does not have any face. I left myself submerging quietly down into this long-forgotten sadness, sweet and gentle. No religion, nor any lessons of whatsoever taught me such a sadness; none such in any music I ever listened to nor in any parting I ever experienced; I have never sensed such a sadness in any metaphysics nor in any of the fashions.

Thou, the strength of uncommon sadness, the wave of my life that always flows low, and the battle of my life that's supposed to be lost.

'주례' 하였다

봄날의 화신(花信)을 뚫고, 불원천리, 두 젊은이가 다녀갔다. 꼭
10년 전 우연찮게 학생으로 만나 지금껏 좋은 인연을 나누어온
젊은 의사와 그의 약혼녀. 마침 혼인을 앞둔 참이라 그저 인사차
찾아오려니 여겼는데, 아뿔사, 주례를 부탁한다. 주례! 상상도 못
했던 일이라 잠시 폭격을 당한 듯 잿빛 현기증을 느끼다가 슬금슬금
거절해버렸다.

다시 고향을 향해 어둠 속으로 멀어져가는 그들을 배웅하는데,
왠지 애잔한 감상이 붉게 춤을 춘다. 나는 아무도 듣지 못할 곳을
치어다보며 나 홀로 숨 가쁘게 '주례'하였다. "그래, 잘 살아라!"

라면 하나는 120그램인데 내겐 무척 과량(過量)이다. 보통 2~3회,
한 달여에 걸쳐 나누어 먹는다. 한 끼 분량으로 60그램이나
40그램을 먹는 셈이다. 문제는, 60그램이 조금 많아 성가시고,
40그램이 조금 적어 허전하다는 것이다. 어쨌든 50그램짜리 라면이
시판되는 세상은 영원히 오지 않을 것이니, 필시 이 불화는 길어질
듯하다.

10그램 속에 담긴 세상을 이 세상이 놓친다면, 이 세상을 사는 내
세상은 10그램의 불화(不和)들만으로 이루어진 저세상의 징후.

亡해야 산다

또 한 곳의 식당이 망했다. 전주의 기억 탓에 이곳에선 아예
거들떠보지도 않던 '콩나물국밥' 집이었다. 어찌하다 보니 달장근을
조금 넘긴 기간 중에 세 차례나 찾았는데, 오늘 네 번째 방문길에
술집으로 변한 사실을 알았다. 아무런 맛집도 아니었고, 더구나
전주나 나주의 국밥에 버금갈 정도도 아니었지만, 무엇보다
식재료가 깨끗해 보이는 게 후한 점수를 얻게 했다. 어차피 이곳은
(전주도 광주도 아닌) 경상도 하고도 밀양이라, 나는 마음을 비우고
그 미~끈한 콩나물과 하~아얀 새우젓갈에 근근이 정을 붙여가던
중이었다. 간판 외장을 손질하고 있던 아주머니는, "이젠 콩나물
국밥 안 하세요?"라는 내 문의에 뚱한 눈길만을 흘릴 뿐이었다.

그간 내가 독애(篤愛) 혹은 독애(獨愛)한 음식점이 가뭇없이 사라진
게 적어도 서른 곳은 될 듯싶다. '내가 주례를 서면 자네들이
이혼하네!'라고 핑곗모를 대곤 했지만, 과연 내가 좋아하는 곳은
장차 망하게 되는 것일까? 물론 이 문장을 거꾸로 돌려야만 답(答)이
보이는데, 내가 좋아하는 식당이 망하는 게 아니라 망할 것처럼
보이는 식당을 내가 좋아하는 것이다. (이런 식으로, '생각'과 상징적
지식은 구문론적으로도 배각을 이룬다.) 그러면 나는 왜 망하게 생긴

식당만을 좋아하는 것일까? 그것 속에 내 온전한 비밀이 있으니, 이 질문에 답하지 못하는 독자라면 비록 25권의 책을 읽었더라도, 그는 나와 완벽히 무관한 사람일 것!

그 사내

무슨 이심(異心)이 인 것도 아닌데, 한 달째 하루도 거르지 않고
산을 다닌다. 산이라 해야 아무런 외도(畏途) 없이 범상한 것이니,
꼭대기를 코앞에 두고 돌아오는 걸음이 불과 1시간 20분이면 넉넉한
마을 앞산. 그래도 내리 한 달, 쉼 없는 산행은 처음이라 내 몸과
산에 대해 새롭게 느끼는 점이 두엇 있다.

산행길에 여러 번 마주쳐서 그저 심상히 목례를 나누는 중년의
남자가 하나 있었다. 지난해부터 드문드문 스치곤 했는데, 지난 5월
말에서 6월 초까지는 매일 만나다시피 했다. 낯빛이 검고 피폐한
기운이 온몸을 감도는 데다, 초여름에도 복색이 한겨울의 것을
방불케 하고, 또 걸음걸이는 어찌나 굼뜬지 아무래도 깊은 병색을
두르고 있는 듯했다. 그런데도 제시간을 두고 꼬박꼬박 산행에
정진하는 것을 보면 필시 치병(治病)이 목적인 듯싶었다.

이제야 돌이켜보니, 그 사내가 6월 10일경부터 보이지 않았다.
나는 한동안 그를 잊고 있었는데, 며칠 전 산행로의 새중간에 낀
공동묘지에 싱싱하게 들어선 무덤 한 기(基)를 보고는, 불쑥 '그가
죽었다'는 완강한 직감이 벽력같이 내리꽂혔다.

이 생생한 순간, 그 사내가 땅속에서 썩고 있거나 공기 중에서
산화하고 있는 것도 여전히 '타인'의 일이다. 하지만 숲의 한
모퉁이에서 선물처럼 그 사내를 다시 만날 수 있다면, 나는 잠시
살아 있는 자들의 어리석은 미련을 모아 도토리 모자만큼 그의
존재를 반가워하리라.

강의는 슬프다

제아무리 아름다운 강의도 슬프다. 세상에서 가장 슬픈 노릇은
자신을 좋아해달라는 청원이고, 그 청원이 직면한 그 끔찍한 '익명을
향한 도약'인데, 모든 강의 속에는 이 청원의 기운이 (마치 된물 속에
급하게 호흡하는 금붕어처럼) 눈에 보이지 않게 벌름거리기 때문이다.

변명은 슬프다. 변명은 꼭 두 번 말하기 때문인데, 두 번째의 변명은
더듬을 수도, 더듬지 않을 수도 없기 때문이다. 마찬가지로, 모든
약속은 슬프다. 약속의 순간마다, 인생이 허여한 유일한 약속인
시간을 맹목으로 저당잡기 때문이다.

'백제슈퍼'니 '백제목욕탕'이라는 상호에 대책 없는 감격을 느끼면서
이곳 전라도의 도민으로 산 지가 어언 10년에 가깝다. 부산을 찾으면
전주의 산들이 벌써 아슴아슴하고, 전주에서는 더러 부산 청사포가
품어내던 그 원양(遠洋)의 물 내음이 아련히 밀려온다.

어머니는 언제부터인가 당신의 몸으로 낳은 나를 어색해하셨다.
군영(軍營)의 동료들은 내 고향이 경상도인 것을 자꾸 잊어먹었다.
유학 중에 만난 미국인들은 내 인상과 말씨만으로는 내 국적을
알아내지 못했다. 화진포 소설가 김담씨나 삼척의 시인인
김동균씨가 웃을 노릇이지만, 어떤 택시기사는 내 말씨 탓에
나를 강원도 출신으로 넘겨짚었다. 오래전 어떤 목사는 내
영성(靈性)이 기독교의 경계를 넘어서 있다고 비밀스레 충고하였다.
예수라는 젊은이를 가장 가까이 느끼곤 하는 최근, 어느 목사들의
집단에서는 내가 기독교인이 아닌 듯하다고 '선고'하였다.

수년 전 아파트 경내를 바삐 걷고 있던 중에 열 살 남짓으로 보이는
여자 애들 셋이 내 앞을 가로막고 섰다. 그중 한 아이가 내게 물었다.
"아저씨, 미국 사람이에요?" 내가 정색을 하며 '한국 사람'이라고

항변(?)하자, 곧 그들은 반가움과 낙심이 교차하는 작은 소란을
피우면서 천 원짜리 지폐를 주고받는 것이었다.

나는, 여기에 없다. 여기에도 거기에도 없으며, 늘 여기에도
거기에도 있었다.

그 일이 있은 후 다시 7~8년이 흘렀다. 이번에는 밀양이었다.
전주의 천변을 독애(篤愛)하던 나는 자연스레 밀양의 강변을 자주
걷게 되었다. 그날도 밀양역 남쪽, 실핏줄처럼 퍼진 지천(支川)을
따라 한참을 바장이고 있노라니, 역시 산책에 나선 듯한 한
노신사가 암상궂게 생긴 개 한 마리를 앞세운 채 느릿느릿 내 쪽으로
다가온다. 그저 평심하게 지나치려는데, 그는 문득 줄을 당겨 개의
목을 낚아채면서 무슨 긴요한 일이라도 생긴 듯 내 앞에서 바투
걸음을 멈춘다. 노신사는 환한 웃음을 띠면서 마치 발성 연습이라도
하듯 말을 건넨다. '헬로!'

닮았다거든, 웃지요

내가 타인의 외모를 가급적 입에 올리지 않는 데 비하면, 남들은 내 외모를 즐겨 언급하곤 했다. 그중 태반은 '누구누구를 닮았다'면서, 내 인상을 주로 유명 연예인의 대중적 이미지에 포개는 식이다. 근자, 우연한 기회에 J를 닮았다는 말을 듣고 가만 헤아려보니, 지난 1년 사이 나와 닮았다는 할리우드 영화배우만 꼽아도, 아뿔싸, J를 쳐서 벌써 셋!

내가 성인이 되어 얼굴꼴이 제 모양을 갖춘 이래 그간 나를 닮았다는 유명 연예인들은, 앞의 셋을 넣어 줄잡아 30명은 될 듯하다. 그 외 '우리 사촌오빠'나 '이웃 동네 PC방 아저씨'와 같은 사례들까지 모은다면, 100명을 넘기는 일은 그리 어렵지 않겠다.

나를(내가) 닮았다는 그 유명인 30명의 이미지들이 서로 모방하는 범람 속에서, 나는 대체 무엇일까? 이 닮음(은유)의 회전이 결절(結節)하는 '누빔점', 그 표상의 원천과 기원(fons et origo)은 내 속에 있는 것일까. 아니면, 프루스트를 치고 나온 사르트르의 소박한 외침처럼 '나는 (영원히) 밖에 있는 것'일까? 지라르(R. Girard)와 지젝을 간략히 섞어 만든 구분법을 제시해본다면, 나는 기표들의 모방적 사슬 저편에서 다만 한 손가락으로 지시할 수 있는 어떤 본질로서 온존하는 것일까, 아니면 기표의 사슬이 지닌 그 닮음(은유)을 통해서 주체화되는 것일 뿐일까?

내 수명을 무한정 연장시킬 수 있다면 내 외모도 세월과 바람을 쫓아 쉼 없이 변용할 테고, 따라서 닮은 사람의 수는 300명으로, 3000명으로, 그리고 3만 명으로 불어나다가, 마침내 그 은유의 빗살은 언젠가 지구상의 모든 인간을 향해 뻗어나가는 무한급수가 될 수도 있을 것이다.

요컨대 '닮았다'는, 꽤 심각할 수도 있을 이 코멘트는 어느덧 뜻 없는 지적으로 낙착할지도 모른다는 것! 그러나 '누군가가 나를 닮았다'는 어느 개인의 발화가 결코 무의미할 리는 없다. 아니, 무의미하기는커녕 그 짧은 주관적 순간이나마 그것은 사적 '의미의 도가니'(바르트)를 이루는 것이 보통이다. 중요한 점은, 무슨 계시인 듯 불꽃처럼 활활 타오르는 사적 의미의 응집이 결국에는 공적/체계적 무의미에 복무할 수도 있다는 사실에 있다. 모든 것이 신의 뜻이라면 결국 신의 뜻은 없는 것이듯 말이다.

열정과 의미의 용광로를 이루는 신자의 기원이 신의 부재와 실질적으로 무관하듯, 'A는 B를 닮았다'는 개인의 발화는 은유(닮음)의 체계적 무의미와 상관없다; 의미는 의도의 '저편'에서 관계들의 객관성과 부딪치며 추후적으로 재구성되는 것이지만,

일상의 발화는 의도 속으로 의미를 소급-연역하는 나르시스로 가득하다. '내가 누구누구를 닮았다'는 특정한 개인들의 코멘트 역시 그 의도의 소급에서 자유롭지 못할 것이다. 그러나 그 코멘트가 마침내 공적/체계적인 무의미로 함입(陷入)된다고 할지라도 사적, 관계적, 공동체적으로는 무시할 수 없는 의미를 풍긴다.

지목되는 상대에 따라 다르긴 하겠지만, '누군가와 닮았다'는 말을 들으면 대개 그 당사자는 그가 그 누군가와(보다) 다른(나은) 면을 찾거나 드러내려고 한다. 말하자면, (여기에서는 무심코/무조건 상대의 말을 되묻는 버릇을 지닌 이들의 방어적 리비도를 연상해도 좋은데) '아니라고 말할 수 있는 존재'(Nein-Sagen-Könner, 막스 셸러)로서의 '자아'가 거세게 발동하는 것이다. 자아는 나르시스적 편견 속으로 퇴행하면서 닮음의 동화작용, 혹은 은유의 포섭을 적대시하고 아울러 타자의 지평을 폄하하거나 환상적으로 무화시킨다. 이를 프로이트의 표현에 얹으면, 대상리비도(Objektlibido)—혹은 세상과 타인을 향한 실천적 관심—는 졸지에 응축되고 자아를 향한 리비도집중(Lobidobesetzung)이 자아의 경상적(鏡像的) 고집을 강화시키는 것이다.

요컨대 '닮았다'는 말의 낯섦, 혹은 거슬림을 다시 '거슬러' 올라가지 않고서는 공부란 없다. '아니, 닮지 않았어, 나는 나야!'라는 '낭만적 허영'(르네 지라르)을 치고 넘어가는 어떤 아픔의 결기가 반복적으로 실천될 때, 나는 타자성의 지평 속으로 근근이 참여할 수 있다.

타인의 무분별한 은유적 포섭에 저항하는 것은 당연한 노릇이긴 해도, 그 은유가 숨긴 낯선 타자성의 지평조차 무화하려는 짓은 어리석다.

그 닮음의 표상들이 총체적, 구조적으로 상도하는 지점이 공란(blank)이라는 사실을 냉정하게 직시하면서도 일상적인 닮음의 코멘트에 수행적으로 지극하기는 쉽지 않다. 물론 '알면서 모른 체하기'가 바로 그런 것이다. 키르케고르적으로 말하자면, 그것은 단독자와 보편자의 길을 동시에 취하는 것이며, 대승적 불가(佛家)의 용어를 빌리면 보살행(菩薩行)의 한 단서에 다름 아니다.

'누구와 닮았다'는 코멘트는 실은 아무것도 아니다. (그것은 끝이 터진 호의의 표시이거나 혼란스러운 정서를 얹어두는 잠시의 디딜목일 경우가 태반이다.) 하지만 그 아무것도 아닌 것을 반복해서 생성시키는 구조, 그리고 그것이 미치는 영향력을 헤아리는 노력은 제법 흥미롭고 유익하다. 그러나 닮음이 작동하는 이입(移入)의 메커니즘보다 더 중요한 공부는, 그 어떤 이입도 거부하는 타자성의 이물(異物)과 그 낯선 지평을 만나는 경험이다.

그러므로 '당신은 누구와 닮았다'는 말을 들을 때, 부정도 긍정도 궁극적으로 어리석은 그 아득하고 짧은 사이로, 씩, 작은 미소만을 띠면 그만이다.

감자

장마 진 여름밤에는, 향과 음악을 피우고 세로줄로 쓰인 책을
읽으면서 삶은 감자를 먹는 게 최고다. 추억은 멀고 미래도 멈춘
사이, 세속의 소식들이 발끝으로 새면 나는 아무런 꿈도 꾸지 않은
채 홀로 감자를 먹는다.

가지의 발견

신불사(神佛寺)의 단군교 도량을 찾았다가, 종사(宗師)의 안내로
어느 문도(門徒)와 인사를 나누고 그의 텃밭에서 가지를 몇 개
얻었다. 원했던 것도 아니었고, 평소 즐기는 음식도 아니었지만,
아무튼 가지를 반찬으로 만들어 먹은 게 난생 처음이었다. 그냥, 네
토막으로 잘라 기름을 흘리고 구운 뒤에 냉이 장아찌에 버무려 먹은
게 다였다. 그런데 좀 물어보자. 이렇게 맛있는 것을, 지난 수십 년
동안 왜 나 몰래 혼자서들만 호식(好食)하였나?

젊은 연인들

밀양 가는 기차를 앞두고 개구리 꼬리만큼의 말미가 있어 잠시
멍하니 앉았는데, 바로 눈앞에서 젊은 연인의 이별이 몹시도
애상스럽다. 남자는 귀대하는 군인이고 여자는 대학생인 듯한데,
둘은 한동안 말도 잇지 못하고 서로의 손도 놓지 못한다. 이윽고
군인이 어색한 포옹을 끝내고 개찰구 너머로 사라지는 찰나, 여자는
그 포옹이 식은 자리에 붙박인 채 고개를 숙이고 거센 울음을
삼킨다.

그 애련(哀戀)이 내게 고스란히 전해지면서 하아얀 웃음이 난다.
아아, 그 누구라 이별이 슬프지 않을런가? 아아, 그 누구라 이별이
우습지 않을런가? 아아, 만고의 연인들이여, 오늘은 내일처럼 잠시
웃지 않으려나?

특별히 에로틱한 여자(남자)가 간호사를 지원하는 게 아니다.
(포르노에서처럼) 그 하아얀 복장으로부터 빌미를 염출하려고 해도
금방 반박된다. 간호사가 그 하아얀 손에 주사바늘을 쥐고 엉덩이를
벗겨도 그것은, 더, 더욱 아니다.

그것은, 전화(轉化)와 기피(忌避)인 것이다.

치과에서 스케일링을 (당)하면서, 그녀가 (잠재적으로 성행위를 할
수 있는) 이성(異性)이라는 원리적인 사실에 잠시 구원의 안도감을
느꼈다. (마치 굳이 예수라는 신을 제쳐두고 마리아 숭배에 빠져들듯이)
가장 위험하고 부드러운 행위로서의 성행위는 여자로서의 간호사를
매개로 매우 안전하고 합리적으로 입 속에 전화(轉化)될 수 있었기
때문이다. 간호사 에로티시즘의 기원은 이 전화의 상호작용 속에
있지만, 대중의 시선 속에서 그것은 곧 물화된다. 그렇기에 그것은
미구에 대책 없는 포르노로 변하는 것이다.

남성의 성욕이 특히 환상적으로 처리되는 것은 그 손쉬운 불능
탓이 적지 않다. 환상이란 본질적으로 기피(忌避)로 인해 발생하는

겹의 효과다. 간호시 발기(!)하는 남성 환자를 처리(?)하는 간호사의
지침을 읽은 적이 있지만, 물론 그것은 전혀 에로티시즘이 아니다.
남성의 환상적 성욕은 '성애관계의 직접적 긴장을 피하면서 성애를
즐기라!'는 명제로 압축되는데, (영영 현실 속으로 도래하지 않는)
(이상적) 간호사의 움직임은 이 환상을 채우기에 안성맞춤인 것.

그래서, 오늘도 간호사들은 옷을 벗는다.

그것은, 아직 스무 살이 되기도 전의 일이다. 남해안의 어느 섬에
며칠 여름 봉사활동을 나갔다가 돌아왔는데, 갯내를 채 털기도
전에 하아얀 편지 한 통이 배달되었다. '순이'라는 이름의 그 섬마을
여고생은 2박3일 동안 간간이 나를 지켜보았던 모양으로, "오빠의
옆모습이 쓸쓸해 보여서" 글을 쓰게 되었노라고 군색스레 발명했다.
순이는 이후에도 몇 통의 편지를 더 부쳐왔고, 내 기억을 되살리느라
맨드리 나게 사진도 찍어 보냈다. 수년 후 학교를 졸업하고 취업차
부산에 머물던 순이는 주소 하나만을 달랑 물고 나를 찾아왔다.
동네의 공터를 같이 배회하며 실없는 말들을 주워섬기느라
부전부전하게 굴던 나는, 순이가 내게 선물한 시집 한 권만을 손에
쥔 채로 그를 섬서하게 보내고 말았다.

문득 옛 사진을 뒤적이다가 손에 집힌 순이, 이제는 그 모습조차
우련할 뿐이지만 갯가의 땡볕에 가무잡잡하게 그을린 소녀는 아직도
웃고 있다.

호명과 방황

표충사 뒷산을 두 시간 가까이 걷다가 오솔한 송림 아래
계류(溪流)에서 몸을 씻었다. 해는 뉘엿뉘엿 넘어가고
만일루(萬日樓)가 코앞인데, 효봉(曉峰, 1888~1966) 선사의 부도탑
앞길에는 늙은 중 하나가 핸드폰을 들고 홀로 떠들며 지나간다.
'바로 이것이 너다'(正是本來汝)란 것은 곧 금시(今是)이니, 이치의
횡관(橫貫)이 어찌 여기서 그칠까? 나는 어느 쓰레기장에서 버려진
강아지 세 마리와 한참을 노닐다가, 포도(鋪道)에서 쑥 벗어난
숲길을 잠시 방황하는데, 그만 눈앞이 어둑어둑해지더니 웬 검은
그림자 하나가 짐승처럼 휙 하니 지나간다. 나는 나대로 누군가
호명한 것을 느끼곤 사방을 둘러보는데, 그렇지, 바로 그곳에
표충사의 다비장(茶毘場) 팻말이 섰다.

어느 글에선가, 벤야민은 독서와 아름다운 여인의 몸을 보는 것은
'직관적으로' 동류(同類)의 쾌감이라고 적었다. '아무리 읽어도
이해할 수 없는 글'을 썼던 이 고독한 비평가의 비밀은 이렇게
풀려간다.

내 경우, 이해할 수 없는 문장을 가-만-히 바라보는 일보다 더한
쾌락은 없다. 그런데 그 쾌락의 중요한 부분은 솟아오르는 직관을
사냥한 짐승의 모가지를 누르듯 지그시 밟는 일이다. 글(읽기)은
정화된 욕심 곧 의욕(意慾)이며, 뼈에 가해지는 순결한 고통이다.
오직 지겨운 연극만이 볼만하듯이, 이해할 수 없는 글들만이 내
시간을 연극(게임)처럼 '의심할 수 없이' 가득 채운다.

그러나 아샤(Asja)와의 연애가 난해하게 꼬이자 벤야민의 열정은
하릴없이 텍스트로 빨려 들어가고 말았다. 결국 벤야민의 쾌락은
여인과 문자 사이에서 부침하고 있었을 뿐이었다. 그는 아샤(=성가신
난해함) 같은 독서를 견디지 못한 셈인데, 내 느낌으로는, 독서에서
얻을 수 있는 지고의 쾌락은 곧 아샤 같은 것!

편지를 태우며

2층의 火木난로에 옛 편지들을 태운 지가 며칠째다. 이미 수백
통을 태워 한 오라기 재로 날렸고, 얼추 천 통 남짓하다. 짐짓 모른
체하며 불 속에 쓸어 담곤 하지만 더러 곁눈을 주는데, 그 사연들은
한결같이 진지하고 마른 호의(好意)는 역력한 채로 처량하다.
그 수많은 편지의 유일한 공통점은, 이젠 그 발신인들과 모짝
연락두절이라는 사실("Ceci passera aussi") 하나뿐이다. 그 어떤
희망도 망각에서(aus) 생기진 않지만, 오직 어떤 망각과 더불어(mit)
희망은 생긴다.

시인 김지하가 내게 손수 보내준 그의 자서전 세 권을 통독한 후에
든 결언, 그 방외의 진실은 '서울대학', 그것이었다. 2003년 재독
철학자 송두율이 잠시 유숙한 크리스천 아카데미에서 벌어진 사상
논쟁의 전말을 살피며 내가 얻는 인상, 그 가외의 진실, 그것도
'서울대학'이었다. 마땅한 지분(持分) 이상을 점유한다는 한국
좌파의 사상사적 분포의 배후에 깔린 진실, 그것마저도 서울대학,
그것이었다. 피라미들이 장광설로 얼굴을 붉히며 풀풀하게 게먹을
때, 그 속에 든 덤의 진실은 '서울대학', 그것이다.

내 모임에 찾아와서 바장였던 적지 않은 서울대학생들의 행방이
'한꺼번에' 궁금해질 때, 십수 년 전 서울대 대학원에 초청받아
강연하던 날의 사양(斜陽)에 얹힌 그 인상에 무엇인가가 더 얹혀
있을 때, 변호사나 의사 등 고속으로 입신영달한 이들의 클럽에
엉뚱하게 초청받아 '체제와의 창의적 불화'를 떠든 지 채 5분도
지나지 않아 더뻑 엉클어져가던 실내의 기운이 코끝을 스칠 때,
K대나 Y대를 졸업했다던 그 칠뜨기 얼뜨기들이 내가 졸업한(것이
분명한) 어느 지방 대학의 이름을 나보다 더 정확히 속살거리고 있을
때…… 그 속에 스며든 덤의 비밀은 곧 '서울대학', 바로 그것인 것!

'라면'의 기원이나 내력은 (잠시) 중요하지 않다. 중요한 것은 오히려 라면을 둘러싼 풍경이라고 해야 할 것이다. 여기서 풍경이 속이(숨기)는 것은 그 기원이 아니다. 그 풍경의 지극한 통속성은 오히려 그 이데올로기성에 능히 면죄부를 제공한다. 다만 하나의 단서를 덧붙이자면, 라면이라는 풍경이 활짝 펼치는 그 짧고 얕은 공동체성은 우선 그 기원(역사)을 숨겨도 괜찮은 종류의 것이어야만 한다.

'사회적 평등자'(social equalizer)로서 라면의 미덕은, 고급화-차별화의 전략(力說)이 그 전략(逆說) 속에 되먹혀 오히려 역차별의 자기소외라는 진풍경을 빚는다는 점에서 도드라진다. 라면은 그야말로 어떤 '풍경', 가장 늦게 진화하면서 그 기원을 흘리고(숨기지 못하고) 다닐 수밖에 없는 어떤 관계이기 때문이다. 그 풍경 속의 관계 혹은 그 관계로 엮인 풍경은 라면과 더불어 겪어낸 20세기 후반을 거치면서 돌이킬 수 없이 각인된 것인데, 우리는 그 붉은 국물과 붉은 김치, 노란 면발과 노르탱탱한 계란, 찌그러진 냄비와 천상의 냄새를 아무래도 연역할 수 없는 공동의 낮은 경험 속에서 쉼 없이 회집한다. 내 동무의 입속으로 빨려 들어가는 그 면발의 템포를 곁눈으로 보면서 느끼는 그 쓸쓸한 연대, 그 이름 붙일 수 없는 연대는 라면의 기원과 풍경을 삽시간에 통일한다.

라면의 풍경이 반드시 낮은 것도 아니고, 혹은 꼭 낮아야 하는 것도 아니다. 그러나 그것은 어쨌든 낮아져버렸다. 그래서 비록 우리밀 라면이나 일본식 생라면이라고 해도 그것은 결코 스파게티가 아니며, 아니 우동이나 국수조차도 아닌 것이다. 비록 전두환이 그의 일당들과 더불어 라면을 먹더라도 그 라면을 먹는 것은 결코 '본인(!)'이어서는 곤란하다. 마찬가지로 이건희가 그룹의 사장들과 더불어 라면을 먹더라도 그 라면을 먹는 것이 결코 총수(總帥)가 되어서는 안 된다.

라면의 풍경은 그 풍경에 참여하는 모든 이에게 면발의 자유와 국물의 평등, 그리고 김치의 박애를 거의 필연적으로 요구하기 때문이다.

요점은 라면이라는 음식의 매체적 효과를 살피는 것이다. 이미 여러 학인이 조형해둔 '식탁공동체' 개념, 그리고 (음식) 취향과 계급 사이의 관계에 대한 사회학적 논의 등도 유용한 생각의 틀이다. 우선 이미 음식은 하나의 대상 혹은 개체화된 항목이 아니라는 사실에 주목해야 한다. 그것은 관계와 권력이며, 상징과 문화이고, 계급과 체계로 곧장 뻗어나간다. 어떤 종류의 음식(문화)은 기존의 권력관계를 인정, 강화하는 법이고, 또 다른 음식들은 한정된 시공간 속에서나마 해방적, 평등자적 계기로서 작용한다.

이 논의에서 당연히 술은 특별한 위상을 얻는다. 고래로부터
동서양을 막론하고, 술은 카니발적 해방자 내지 사회적
평등자로서의 기능을 전담하다시피 했기 때문이다. 다 아는 대로 그
같은 술의 전통적인 위상과 기능은 자본제적 체제의 전일적 확산과
더불어 돌이킬 수 없이 바뀌고 말았다. 낭만적으로 채색된 술자리
풍경의 인상과 달리 현대사회의 술자리는 백태천양(百態千樣)의
레저·향락 문화를 끼고 이태백이나 정철이 상상할 수 없을 정도로
분화, 기형화하고 있는 것이다. 덧붙여, 라면에 대한 대중적
애호와는 그 차원을 달리하는 술의 중독성 또한 빠트릴 수 없는
변수다.

라면으로 혁명을 하자는 것이 아니다. 면발의 자유와 국물의
평등, 그리고 김치의 박애가 몰아올 혁명 혹은 혁명의 기미란
기껏 밥상머리에 한정되며, 그것도 그 기원을 모른 척하는 관용과
낭만에 기댈 뿐이기 때문이다. 라면은 20세기 한국 사회에서 가장
혁신적인 음식-매체로 기억되고, 또 오랫동안 반복적으로 수행될
것이다. 그러나 그 운명은 핸드폰의 그것처럼 보수혁명의 가늠자
구실에 그칠 것이다. 라면의 운명이 기껏 밥상머리의 평등자에
불과한 풍경이라는 사실은, 혁명에의 진지함, 자본(富)에의 진지함,
사랑(가족)에의 진지함, 그리고 영생(종교)에의 진지함이 몰각한
자리가 증상적으로 응결하는 모습에 대한 극명한 예시다.

불가능한 선물

호의는 선물 속에서 어떻게 부활하고 있을까? 하지만 문제는,
선물과 호의가 일치하는 순간은 오직 선물이라는 기존의
이데올로기가 역투사한 심리의 탈색한 풍경으로서만 존재한다는
슬픈 사실에 오히려 즐겁게 반응해야 한다는 데 있다. 그러나
불행하게도, 모든 선물의 사건이 '선물'만큼 즐겁지 않은 이유는
생각보다 더 심오해 보인다. 내가 받은 그 많은 선물이 도대체
어디로 가버렸는지 알 수 없는 이유도 이와 마찬가지일 것이다.

내 집의 이곳저곳에서 눈에 띄는 선물들은 호의의 주검으로,
검정색 박쥐처럼 빈약한 기억에 거꾸로 매달려 있다. 그러나 대체
선물이란 무엇일까? 선물의 물질성에 현전했던 그 호의의 추억은
어떻게 죽으며 또 어떻게 부활하는 것일까? 아니, 그것이 애초에
전달되기나 한 것인가?

어제 오후 어느 책 속에서 은으로 만든 책갈피가 떨어져 나오고,
뒤이어 변색한 엽서가 잠시 나비처럼 허공을 날았다. 나는 그것이
'누구의' 선물이었는지 알고 싶지 않았다. 망각의 순서 속에
넣어두는 게 그 선물에 대한 예의였고, 선물과 호의가 분리되는

지점을 영영 알 수 없다면, 그것을 굳이 추억 속에서 재결합시키는
게 무슨 뜻이 있으랴?

선물의 비극은 그것이 결코 전달되지 않으면서도 쉼 없이
반복된다는 사실에 있다. '알면서도 고칠 수 없는 일'이 환상이라면,
선물은 인간이 발명한 가장 깜찍하고 흔한 환상이다.

애도(哀悼)나 감사의 경우와 같이 선물은 불가능한 것이라고들
한다. 선물과 접대로 25시간을 지새우는 이 자본제적 세속에서는
참으로 역설적인 진실이 아닐 수 없다. 주변에서 명멸하며 스쳐
다니는 선물들이란, (짐멜이 간략히 시사한 것처럼) 값의 '너머'에서
아무에게도 알려지지 않은 채 메지메지 쟁여져서 영혼의 숨결이
되는 잉여분의 감사와는 무관한 것들이다. 쉽게 선물하므로 감사는
메말라가고, 쉽게 감사하므로 우리의 영혼은 비어간다.

값없는(price-less) 것들만이 영혼을 채운다. 그러므로 자본제적
세속을 빼다 박은 애도와 선물과 감사의 너머에서, 그 잉여에서, 그
넘치는 빈 곳에서 우리의 영혼은 눈귀 없는 하아얀 의욕을 만나며
거듭 자신을 갱신(更新)한다. 선물의 불가능을 자인하는 낮은 손길
속에서 선물이 돌고, 감사의 불가능을 자인하는 깊은 한숨 속에서
감사가 일렁인다. 만약 인간이라는 절망의 존재에게 영혼이 있다면,
그것은 다만 그 같은 낮은 손길과 깊은 한숨의 선물인 것이다.

10월의 숲 그늘을 거닐며 밤을, 탱자를 줍는다. 밤이나 탱자의
가시에 찔리면서도 나는 아무런 눈치도 보지 않고, 무심한 집중

속에서 중력을 거스르며 수직으로 삼립(森立)한 것들이 수직으로
선사한 그 겸허한 존재를 줍는다. 고개를 숙여 땅에 절하며 과거와
미래를 이어주는 그 '존재의 빔'(Lichtung des Seins)에 참여한다.
존재가 존재를 알아보는 겹침 속에서만 가능한 선물, 밤이나 탱자가
오직 나무의 존재일 때에만 가능해지는 선물에 감사-없이-감사-
한다.

비평이 존재가 되는 선물을 꿈꾼다. 선물이 영혼이 되는 비평을
꿈꾼다. 말이 내 존재의 열매가 되어 가없이 낮아지기를 염원한다.
그래서 비평의 존재가 존재의 비평이 되고, 감사의 존재가 존재의
감사가 되고, 선물의 존재가 존재의 선물이 되기를 희망한다.
아무도 가지 않을 길을, 감사-없이-감사-하며 걸어갈 수 있기를,
혹은 존재가 선물이 되는 그 유일한 선물의 길을 이루어낼 수
있기를, 이 어두운 세속의 상처 입은 영혼들을 대신하여 희망한다.

'세상은 오렌지처럼 푸르다(Le monde est bleu comme une orange)'고
가인들은 노래하지만, 그러나 세속은 어제처럼 칠흑이다. 그리고
타인을 만날 수 없는 우리 각자의 마을 이름은 모두 세상이 아니라
'세속'(世俗)이다. 마치 스펙터클의 때늦은 총체성 위로 뭉게뭉게
피어오르는 무지의 전언처럼, 세속은 언제나 세상이라는 회전목마
속에 귀신처럼 웅크리고 있다.

아파트 경내를 지나가다가 네댓 살쯤 먹었을 한 여아(女兒)에게 반해
말을 붙여보았다. 그러나 그 하아얗게 맑은 얼굴 속으로 내가 본
것은 세상의 탕요(蕩搖)이면서 세속의 폐고(蔽固)!

一笑

조희룡(1797~1859)은 흔히 '한 번 웃는다'(一笑)는 말로 자신의
산문을 끝내곤 하는데, 그것이 차마 귀엽다. 그 한 번의 웃음 속을
헤아려보면, 실로 시대와 개인의 명운에 가로놓인 그 첩첩의 갈등이
숯불처럼 아득하다. 한 번 웃고 마는 것, 물론 그것은 웃음이
아니다. 전염(모방)의 활주(滑走)를 꺾어버리는 슬픈 결기가 웃음의
모습을 흉내낸들, 이미 그것은 아무런 웃음이 아니다. 그것은
분열을 한동안 잡아매는 정신의 벼리와 같은 것일 뿐.

만학(晚學)은 우선 이미지다. 그리고 그 이미지를 둘러싼 소문은
선량하고 나태하다. 그러나 자세히 살피면 나이의 무게는 썰물처럼
무섭다. 썰물이 무서운 것은 예외를 허용치 않으려는 그 악마 같은
집착이며, 슬그머니 발목을 기어오르는 그 소리 없는 호출이다.
그래서 만학은 자가당착, 아름다운 자가당착인 것이다.
만학은 아름다운 이미지다. 가령 밖에서 보는 노인학교의 풍경은
점잖은 소외, 자본제적 교환과 경쟁으로 북새통을 치는 학교의
바깥을 추인해주는 아름다운 소외다. 만학은, 그 내부의 세계가
'아름다운'과 같은 몇몇 피상적인 낱말에 의해 통일되면서 소외되는
자본제적 교육의 알리바이인 것이다. 그 풍경은 공부의 세계를
제멋대로 점유(占有)하는 나이의 진정한 뜻을 숨긴다.
노인이 아이를 닮아간다는 것은 그저 풍경일 뿐이다. 나이는 실로
거칠고 무서운 것이다. 특히 공부에 관한 한, 나이 그 자체의 무게로
환원해가는 만학의 구심을 깨트리는 것은 그 공부의 요체다.

운명

말하는 자의 자리가 이윽고 약자(弱子)의 것이 되듯이, 어느새
심판자의 자리를 점거한 사양(斜陽) 속에서 운명은 한 걸음 더디게
드러난다. 이것은, 굳이 카프카나 벤야민의 한탄일 필요는 없다.
나 역시 내내 그러하였다. 내가 매개(媒介)할 때마다 무수히 손잡고
빠져나가는 그들의 등 뒤로, 운명은 돌이킬 수 없는 현명함으로
빠르게 웃으며 나를 스쳐간다.

단 한 번도 현명하지 못했으므로, 이렇게도 '운명적'이다.

한 동아리를 형성하는 어느 비밀의 주체는, 오직 특정한 방식으로
실패함으로써만 그 비밀의 진실을 뒤늦게 증거한다. 그는 너무
무섭게 집중한 것이다.

그 주체는 애초의 근기가 그 자신을 함몰시킬 정도로 내내
충실함으로써 실패하지만, 그 실패의 상흔을 살피더라도 그
아름다웠던 집중(集中)에는 여태 아무런 금(cleft)이 없다. 다만,
이제는 없는 어느 중심의 추억을 통해서 그 집중의 비밀을 다시
증거할 뿐.

어떤 일들은 피할 수 없다. 나이의 공역(公役)으로 돌릴 수밖에 없는
깨침은 늘 나이를 조롱하지만, 남이야 뭐라든 세월은 제 나이의
제국을 거느리며 저 홀로 간다. 그러나 스스로 추방당한 사람의
쓸쓸한 예지로 충만한 길은 다만 과거를 돌아보는 게 아니다.
그 집중의 비밀은 자신의 무게로 오직 미래로 나아가는 데에 있기
때문이다.

두 번 만에 고치기

실수를 거듭하지 않는 것, 그러니까 두 번째의 반복으로 자신의
그림자를 걷어내는 것은 곧 성(聖)인데, 두 번째가 흔히 첫 번째의
장기튀김에 먹힌 탓이므로 그것은 아무래도 쉽지 않다. 그러므로
그 누구나 꼭 세 번째의 반복에 이르면서 스스로의 맨망스런 진실을
여지없이 증명하고 만다. 이 경우 조심(操心)을 한 단계 끌어올리려는
노력은 의식과 무의식의 경계를 손에 쥐는 것만큼이나 흥미로운
훈련이다. 세 번째에 이르지 않고도 나의 숨은 진실을 아는 일은
곧 현(賢)이지만, 물론 그것은 고운 애인만을 앞에 놓고 먼 산만
바라보는 일보다 백배나 어렵다.

DJ와 이명박이 얼마나 다른가를 헤아려보려면, DJ를 대학생에,
YS를 초등학생에 비겼던 어떤 우스개에서부터 시작해도 좋다.
물론 그것만으로도 충분치 않지만, 대중의 이해를 막는 것은 역시
'대통령'이라는 이름 탓이다. 그가 '교수'이기 때문이고, '어머니'이기
때문이며, '내 애인'이기 때문이고, 그가 '착하기' 때문이다. 그러므로
세상 끝 날까지 '사람만이 절망'일 것이니, 차라리 그 비루한
이름 '엘리트'가 되기를 희망해야 한다. 왜냐하면 엘리트만으로는
아무것도 할 수 없기 때문인데, 가령 공동체라는 불가능에
다가서려면 마땅히 신(神)이 되어야 하는 것.

나는 아무래도 이 음악이라는 반물질(半物質)을 즐기긴 못하겠다.
대상을 물어들이는 자아의 지향성을 뒤집고 잼처 솟아오르는
자아가 눈앞인 듯 이처럼 선연한데, 나는 아무래도 음악을 즐기긴
못하겠다. 내가 할 수 있는 것의 최선이 '알면서 모른 체하기'일진대
나는 아무래도 이 '모르는 음악'을 제대로 즐기긴 못하겠다. 니체의
말처럼, "육체를 정신으로 채우고 정신을 다시 육신으로 채우는"
과정을 거친다고 하더라도 나는 종내 이 음악을 즐기긴 못하겠다.
이 음악은 너무 즐거워, 즐거워, 그것은 차마 자연스럽지 않다. 소리
속까지 세속을 근심하는 나는 아무래도 이 음악을 제대로 즐기긴
못하겠다.

不和

장맛비가 검질기다. 밀양 강변 인근으로 도시는 강 안개에 묻힌
숲처럼 검실거린다. 걷는 곳마다 물기가 입가를 스친다. 모르는
이들 사이에서 누리는 잠시의 평화마저 참지 못하는, 지성(知性)은
강박이고 사념은 실연(失戀)의 실핏줄처럼 분열한다. 자가당착의
형식을 지닌 문명에 저항하려는 지성의 환상은 다만 환상을
지성화한다. 언어가 소외라고 해도, 오직 충동의 자장 속에서만 그
실질을 엿보는 물(物)일 뿐이라고 해도, 언어로 말하지 못할 것은
없으며, 그렇기 때문에 언어로 말할 수 있는 것은 거의 없다. 그래서
도시의 익명으로 산책길을 밟아도 어긋남(냄)은 언어에서부터
시작된다. 그 말과 함께 외곽으로 달아나는 나는 사전(師傳)에
등록되지 않는 낭인이다. 그리고 귀신처럼 너의 목덜미를 내리치는
그 이름은 불화(不和)다.

J에게

생각이 좋은 사람보다 글(쓰기)이 좋은 사람이 되십시오. 글이 좋은 사람보다 말(대인대물 상호작용)이 좋은 사람이 되면 더 좋지요. 말이 좋은 사람보다 더 나은 사람이라면 생활양식이 좋은 사람일 겝니다. 그러나 이 모든 것보다 더 좋은 것은 '희망'이 좋은 사람이니, 그런 사람이 되도록 애쓰십시오. 물론 이중에 당신이 '생각'하는 것은 아무런 희망이 아니라는 사실도 잊지 마세요.

유학을 끝내자마자 서울의 모 대학에 초청된 후 거처를 잡지
못해 난감해하던 사이 김홍호 선생 댁에서 보름 남짓 기식한 게
인연의 처음이었다. 정갈한 정원이나 차분했던 방, 그리고 꼭 그런
인상이셨던 사모님의 자태가 여태 생각을 키운다.

이후 나는 같은 대학에서 그분과 연구실을 이웃하며 근 3년간이나
가깝게 지냈다. 한 주에 이틀 정도 강의를 하셨는데, 자투리
시간에는 내내 연구실에 붙박여 붓글씨를 쓰곤 하셨다. 먹 가는
기계의 사각거리는 소리와 좁은 복도를 채웠던 묵향(墨香)이 여태도
지근을 도는 듯하다. 한가한 때면 정담(情談)을 주고받으며 스승인
유영모 선생과의 사적 인연을 들려주시거나, 내게 붓글씨를 권하곤
하셨다. 언젠가는 그분이 강의하던 '禪과 서양철학'에 불려가
몇 차례 즉석 강의를 하기도 했는데, 내 강의로부터의 인상을
얻었다면서 '유심현묘'(幽深玄妙)라는 붓글씨를 액자에 담아 선물로
보내주시기도 했다.

그분은 늘 나를 과찬하며 좋아하셨다. 사직하면 폐인이 되기
쉽다면서 내 결심을 만류하시던 그분은, 내가 교수직을 작파하고

낙향해 있을 때에 여러 차례 편지를 보내 위로하시곤 했다. 손자뻘인 내게 보낸 그 편지는 늘 이렇게 끝을 맺었다. "선생님(k)은 천재라는 것을 언제나 자각하시고……" 운운.

내가 조금 다르게 살고 다르게 운신한 탓에 그간 나를 종작없이 미워하거나 실없이 괴롭힌 이가 적지 않지만, 김홍호 선생을 비롯한 몇몇 큰 어른이 손을 내밀어 인정하고 격려해준 일은 내 인생의 행운이다. 내 지기 중의 몇은 나를 일러 '지독히도 재수가 없는 사람'이라곤 했는데, 젊은 날 그분의 관심을 받은 일만으로도 나는 재수 이상의 것을 넉넉히 얻었으리라. 1919년생이니 연세가 이미 아흔을 넘겼는데, 풍문에 수술 뒤 일체의 활동을 끊고 가택에서 와병 중이시란다.

진보적 시사 월간지 M의 L 기자가, 내가 잠시 『Requem for a
Dream』이라는 비디오를 빌리러 나간 사이에 전화 메시지를
남겼다. 마치 구애하듯 조심스러워하는 음성에 설핏 익숙한
미소가 돌았는데, 역시 알고 보니 내 오랜 독자. 전혀 '기자스럽지
않은, 순진한 한갓 독자의 음색으로 건네온 용건은 윤노빈 선생의
『신생철학』(학민사, 2003)의 서평 때문이었다. 윤노빈 선생의 대학
과후배이며, 간첩 혐의를 입고 국내로 발을 들이는 것이 금지된 독일
뮌스터 대학의 철학자 S교수가 나를 천거했다는 것.

『신생철학』을 처음 읽은 것은 그분이 월북(越北)한
이듬해(1983)였는데, 제일출판사판(1974)으로, 그 제본한 꼴이 꼭
보석을 흙 속에 묻어놓은 듯했다. 신생(新生)의 신새벽이 더 어두운
탓일까.

그 책을 숙독한 후 깨달은 것은 크게 두 가지였다.

그 첫째는, 내가 윤노빈 선생을 전혀 몰랐다는 사실. 그의 꼬리
없이 계획된 월북도 내게는 미스터리였지만, 『신생철학』의 존재,

그리고 그 속에 개성적 문체로 무당 굿하듯 난무하는 실천의
열정이나 그 묵시문학적 비전도 내게는 미스터리였던 것이다.
과문한 탓도 있었겠지만, 희랍철학이나 현상학 강의 그리고 '인간
문제 심포지움'이나 '전국 대학생 논문발표대회' 등을 통해서 배우고
대화했던 윤선생은 『신생철학』이라는 비전(秘傳)(?)을 남기고 홀연
월북할 분이 아니었던 것. 재학 시의 나는 상설하기가 민망할
정도로 그분의 인정과 사랑을 받았으면서도, 어쩌면 당연한
노릇이겠지만, 민족 문제와 관련한 그분의 정치사회적 비전의
속내를 제대로 엿볼 길이 없었던 터였다.

두 번째는, 윤선생을 움직인 밑그림에 대한 내 나름의 입장이 생긴
것. 나는 『신생철학』을 정독하고 나서야 그분의 월북 사건을 보다 큰
맥락 속에서 읽어볼 요량을 부리게 되었다. 이 요량은 사실적 자료가
아니라 넘실대는 어떤 '직관'에 기댄 것이었지만, 나는 그 사이
별스런 '조사'를 하지도 못했으면서도, 근 20년간 이 직관을 끈질기게
품고 있었다. 그리고 때때로 이 '직관'을 주변의 지기나 학생들에게
마치 예언이라도 하듯 설파하곤 했다. 그런데 이 직관이, 최근
윤선생의 동학이자 지기였던 김지하의 직관과 (그 '형식'에서나마)
일치한다는 사실을 알고 나서는 새롭게 흥미가 뻗쳤다.

"왜 윤노빈은 월북했을까? 그는 공산주의자도 좌경도 아니었다.
독실한 가톨릭 신자였고 헤겔 철학으로 무장되었으며 그것을 또
한 차례 뛰어넘어 동학(東學)과 스피노자의 생명철학을 밑에 깔고
제 나름의 철학, 저 유명한 생철학(新生哲學)을 창안한 사람이다.

그의 철학은 내용에 있어서 '묵시철학'에 가깝고 그의 형식은
최재희(崔載喜) 교수의 빈정대는 말처럼 '풍자(諷刺)철학'에 가깝다.
그 책 마지막 장에 그려진 도형인 '브니엘'(하느님의 얼굴을 보다)은
소름이 끼치도록 무섭고 두려운 인간의 삶과 신생(新生)에 대한
깊은 묵시를 압축하고 있다. 그러한 그가 왜 뜬금없이 월북했을까?
부산대학교 운동권 학생 서클의 지도교수였던 것이 문제였다고
한다. 그러나 그것은 그의 학교 제자들의 짐작일 뿐일 게다.
노빈은 그보다는 훨씬 큰 사람이다. 철학적으로 그가 내다보는 게
있었던가? 북쪽에 가서 그의 '브니엘'(사람은 사람에게 한울이다)을
실천하여 미구(未久)에 남쪽에서 올라올 민주화와 생명운동의
물결에 북한 측 나름으로 '부합'(符合)하려는 통일을 위한 대응
목적이었을까?"

(프레시안 '김지하 회고록'〈111〉)

다시, 나는 김지하의 직관 '형식'에 동의하지만 그 내용은 달리한다.
윤선생이 남북을 아울러 그 실천의 지평 속에 수렴한 "그보다는
훨씬 큰 사람"이라는 데에는 이의가 없다. 그리고 그의 월북이
'브니엘'을 남북 양쪽에서 실천하려는 의지의 결단이라는 해석
역시 관념적이긴 하되 넉넉히 공감할 수 있는 해석이다. 그러나
"남쪽에서 올라올 민주화와 생명운동의 물결에 북한 측 나름으로
'부합'(符合)하려는 통일을 위한 대응 목적"—물론 김지하 스스로
이 해석을 "이 또한 깨작깨작하는 이야기일 뿐"이라고 폄하하긴
한다—이라기보다는, 남북의 '고통'을 그의 삶의 실천적 지평 속으로
커다랗게 융합시키려 했다는 것이 내 직관이자 추측이다. 요컨대,

민족의 고통 현실에 신생(新生)의 비전을 제시했던 윤선생은 그
스스로 분리/지배라는 악마적 고통의 육체(=한/조선반도의 분단
현실)를 그 자신의 몸으로 겪어내는 순례의 삶을 결단하고 실천한
것이 아닐까.

한반도가 생산한 최초의 '고통의 철학자'랄 만한 윤노빈 선생에게,
분단과 통일의 문제 역시 그 처음(terminus a quo)과 마지막(terminus
ad quem)은 고통의 문제에 다름 아니었던 것이다.

'신생철학'은 철학적 동기로서 흔한 '놀라움'(thaumazein)이나 의심
등의 '서양철학적 고민'을 내세우지 않는다. 이미 1970년대 초에
윤선생이 보여준 탈식민성의 맹성(猛省)과 담론적 실천은 "남이
제출한 문제를 남의 입장에서 푸는 노예"(71쪽)의 삶과 앎을
거부하고, 바로 그 현실적 노예됨의 '고통'을 우리 철학의 근원으로
재정립했다. 윤선생은 "한국철학 전문가들은 한국의 고통, 인류의
고통과 그 해결에 대하여 외면하여왔다"(70쪽)고 지적하고, "고통의
문제는 정의(定義)되어야 하는 것이라기보다 무조건 해결되어야 할
문제"라고 주장하면서 고통의 해결을 위한 실천적 개입의 철학을
역설한 바 있다. 그는 이 선택을 '서양철학적 고민에서 민족적
고통으로'라는 패러다임으로 정식화시킨다.

"식사 후에 이쑤시개를 버려도 좋듯 한국 철학자들은 철학적
'고민'을 팽개치고 배달민족이 겪는 고통과 한반도에 엄습하여 있는
세계적 고통의 문제를 사랑(philein)하며 이 '고통'의 출처와 해결책을

규명하며 제시할 수 있는 지혜(sophia)를 갖추는 데 주력해야 할 것이다."(71-72쪽)

*

윤선생이 월북하고 수년 후, 나는 그를 꿈속에서 보았다. 어두운 무덤 속에서 봉두난발에 '고통'으로 핏빛이 된 눈매를 번득이면서 독거(獨居)하는 노인의 모습이었다. 나는 슬픔과 반가움을 주체하지 못하고 한달음에 무덤 입구까지 달려갔으나, 불현듯 그분의 고통이 환하게 가슴으로 느껴져 차마 아무 말도 못 한 채 마주 앉아 있을 뿐이었다.

'금시강'(今是講)을 통해 '씨알서원'의 서생이었던 h를 다시 만나게
되니, 문득 '그들'이 조용히 떠오른다. 각지의 모임들을 숱하게
겪었지만 그 어떤 곳과도 달랐던 그들, 얌전하고 소박했던 그들의
모습과 낮고 검질겼던 그들의 정신을 아련하고 흔연히 되돌아본다.
종교도 아니었지만 종교보다 충실했고, 사랑도 아니었지만 사랑보다
절실했으며, 전투도 아니었지만 전투보다 치열했던 그들의 훈련과
공부를 되새긴다. 내가 매양 동의할 수는 없었지만 늘 찐덥게
바라보았던 그들, 이제는 사라진 '씨알서원'을 때늦은 애정과 애도
속에 가만히 추억한다.

오래간만에 나를 만난 이들은 내가 살이 빠졌다면서 호들갑을 떤다.
비평에 자기성찰적 시선을 먼저 꽂지 않는 게 우리 시대의 처세다.
그러나 나는 그들에게서 '무엇'이 빠졌는지를 말하진 않는다.
외모를 말하지 않는 것은 정치적인 행동이지만, 외모에 집착하거나
외모밖에 말하지 못하는 무능력도 비정치의 정치다. 물론 후자를
일러 정치보다는 '사회적 동화'(한나 아렌트)라는 게 더 적확할 게다.

내 강의나 공적인 활동을 단 한 차례도 접한 적이 없고, 내가 쓴
책들의 제목을 단 하나도 알지 못하는 내 여동생, 그의 어머니,
그리고 그의 친지들은 내가 과묵하다고들 입을 모은다. 그러곤
그 과묵을 틈타 언죽번죽 그들이 이해하고 용납하는 '세속의
이치들'을 내게 들려/돌려주려고 애쓴다. 나는 그들에게 내가
공들여, 어렵사리 쟁여온 '다른 이치들'을 말하진 않는다. 다변과
언탐(言貪)이 정치적이었던 시절도 있었고, 어떤 계층에는 고백이나
수다조차 정치적일 수 있다. 그러나 '가족스러운 것들'에 대한 내
정치는 노상 침묵인데, 어쩌면 그곳에는 무능의 급진성이 급진의
무능성으로 서서히 둔갑하고 있어, 어쩌면 내 진정한 패배가
기다리고 있는지도 모른다.

할 말을 못 한 채로 눈부신 봄날은 간다. 그래서 나는 할 말을 다 못 하면서도 가능한 정치적 행위가 무엇일지, 더러 고민하지 않을 수 없다. '말하지 않는 것의 정치'는, 흥미롭게도 '응해서 말하기'라는 대인대물 관계에 관한 내 오랜 지침을 실천하는 과정으로부터 빚어진 것이다. 다만 잘 응할 수 있다면, (간음하다가 잡힌 여인을 앞에 두고 예수가 땅에 무슨 글씨를 쓰면서 벌인 침묵의 제스처처럼) '말하지 않기' 역시 말하기의 최고 형식이 될 수 있기 때문이다. 그래서 이 문제에 관한 요점은, "말할 수 없는 것에 관해선"(Wovon man nicht sprechen kann, 비트겐슈타인)이 아니라, '말하고 싶지 않은 것에 관해선'(Wovon man nicht sprechen will)이라는 서두에서부터 시작된다.

"많은 위대한 사상가 중에 소크라테스만이—많은 다른 점에서와
마찬가지로 이 점에서도 독특한데—자신의 사상을 결코 기록하려
하지 않았다는 사실은 소크라테스의 매우 중요한 강점이다."
(한나 아렌트, 『인간의 조건』)

스승들은 '진리를 말하려'고 했던 게 아니었다. 그랬다면 그들은
독백구조(Monologstruktur)에 탐닉한 채 신화가 되었을 것이다.
로고스론과 달리 '장소를 이루는 말'은 진리와 어긋난다. 그것이
말(대화)의 태생이고 운명이다. 진리를 말하겠다는 의욕 속에는 이미
혼잣속의 글(쓰기)이 진행되고 있어 퇴행적이다. 더불어 어울리게
되면, 너도 나도 진리가 아니라는 사실이 그 대화적 긴장의
부사성(adverbiality) 속에서 은근히, 그러나 돌이킬 수 없이 체감되기
때문이다. 그러나 이 말은 금세 오해된다. 이 말은 내남없이 잘
어울려 진리를 향해 나아가자는, 예를 들어 '소크라테스보다
진리를!'이라는 주장 따위가 아니다. (데리다 등의 글쓰기론을 잠시 모른
체하면) 그렇기에 제자는 차분히 앉아 글쓰기로써 이데아의 체계를
건축하였지만, 스승은 다만 "지극히 임기응변에 능하며"[6] 사람과
사람 사이를 나돌아다녔기 때문이다.

예를 들어 '예수가 진리다'라는 말의 뜻이 바로 그렇다. 그것은
무엇보다도 그가 현장에, 사람과 사람 사이에 "그물에 걸리지 않는
바람처럼" 있었다는 자신감을 반영한다. 그러므로 '진리가 예수'라는
주장은 전혀 엉뚱한 짓이다. 진리는 어떤 식의 상호작용 속에서만
얼핏, 틈 속으로 어긋나면서, 희미하게 체감되기에, 그것은 차마
'대화'—현대 인문학의 우상이 된 바로 그 '대화'—로서도 잡지
못한다. 그러나 이것은 진리에 대한 신비주의적 혹은 몽매주의적
관점을 가리키지 않는다. 사람들 사이를, 그 긴장을, 그 부사적
번득임을 가리킬 뿐이다. '스승보다 진리를!'이라는 플라톤적 태도는
서구의 로고스주의가 범하는 전형적인 오류로서, 그에 대한 비판이
이미 산같이 쌓여 여기에 따로 재론하진 않겠다. 더구나 플라톤의
스승이 '무지(無知)의 지자(智者)'로 표상된 것을 기억하면, 이
제자의 목적론(teleology)이나 발언은 생급스럽다. 이에 반해 예수는
'내가 진리'라고 말한 것으로 전해지는데, (이에 대한 문헌 고증은
생략하고) 어쨌든 이를 교리(敎理)로 묶은 것은 지극히 우스꽝스러운
짓이며, 과연 누군가가 자신을 일러 진리라고 한 것을 사후적으로
체계화한다면, 그것은 독단이기 이전에 참담한 어리석음이다.

'내가 진리'라는 예수의 말은 "지혜에 있어서 사실은 보잘 것이
없다는 사실을 깨달은 자"[7]라는 소크라테스의 말로 재서술되어야
한다. 나는 예수가 그런 뜻으로 말했을 것이라고 '공상'한다.
예수에게는 말밖에 없었으므로, 비록 그가 '내가 진리'라는 식의
말을 뱉었다고 하더라도, 그 말은 당시의 동무와 청중 사이에서 그의

인격과 상호작용이 혼연일체가 되어 구성된 부사적 번득임으로만 다가왔을 것이다. 말밖에 없다는 것, 상호작용의 역동성밖에 없다는 것, 그래서 결국 삶밖에 없다는 사실은, 글 쓰는 행위를 통해선 영영 재현할 수 없는 역동적 긴박을 품고 있다. 이는 글의 기원에 음성을 두려는 게 아니라, 개입을 통해서만 얻는 진실의 암시(暗示)일 뿐이다.

행복, 행운이 아닌

누구나 '행복'을 바란다지만, 행복은 겨우 '행운'과 혼동된다.
이미 사물과 그 실상을 대체한 매스미디어는 행운을 얻은 자를
대서특필함으로써 행복의 이미지를 왜곡한다. 행복이 일종의
'장소성'이라면 행운은 무책임한 스펙터클인데, 요지는 행운이
미디어 친화적이라는 사실에 있다. 마치 한때 신화적 유명(幽冥)
속에서 배회하는 이들이 임상병리학 교실의 주제가 된 것처럼,
'게임'이라는 것들이 놀이—몸들의 어울림을 통해 부사적으로
공동체성을 현시할 수 있었던 잠시의 장소—를 추방시킨 것처럼,
볼거리 속에 각색·극화되어 재생산되는 행운은 행복의 길(들)을
삭제하고 있는 것이다.

한때 행운은 영웅들의 것이었다. 종종 그것은 비상한 역정(力征)과
위업에 걸맞은 선물로서, 신들이 점지한 것이었다. 헤라클레스나
이순신과 같은 영웅이 아니라고 하더라도, 최소한 심청이나
콩쥐처럼 그 행운은 천지간의 이법(理法)에 부합하는 성질의
것이어야 했다. 그러니까, 행운이 비록 형식상 요행수(僥倖數)이긴
하지만 그 내용은 천리(天理)와 인심 사이의 감응을 따랐던 것이다.
그것은 '일없이' 주어지는 게 아닌, 그러므로, 횡재(pay dirt)와

졸부의 길과는 아무 관계가 없었다. 행운이 자본주의라는 보편적 체계의 틈이라고 오인되기 전까지, 서민들에게 행운은 필요치 않았다. 순풍(順風)이나 감우(甘雨) 혹은 선정(善政) 따위, 그것이면 생활은 족했다.

행운이 신화의 아우라를 벗고 지질한 서민들의 백일몽이 된 세속을 일러 '자본주의'라고 부른다. 조금 돌려 말해서, 행운이 신화적 에피소드의 부적으로 기능하던 위상을 잃게 된 일은, 마치 ('무기록의 삶'의 주체인 예수나 공자의) 말이 그 신화적 아우라를 벗고 고전(古典)이라는 대화록의 틀을 뒤집어쓴 일을 방불게 한다. 왜 그것이 고전인가? 그것은 그 무엇보다도 말의 시체이기 때문이 아닌가? 시체이기에 금박(金箔)의 장정 속에 붙박아둘 수 있었기 때문이 아니던가? 마찬가지로, 자본제적 세속 속의 행운도 시체(상품)가 되어 전시되고 유통된다. 한때 행운은 신이 점지하여 운명의 징조가 되었던 사실을 아무도 기억하지 못한다. 영웅들의 모험이 끝난 시대의 행운은 자본의 기획이기 때문이다.

예를 들어, 사람의 삶을 글로 옮기는 작업이 언제 영웅적이었던 적이 있었던가? 시(詩)를 읊고, 밤을 밝혀 삶을 기록하던 이들 중에 영웅이 있었던가? 더 나아가 소시민적 권태에 부응하는 산문적 지질함 속에 무슨 영웅이, 무슨 행운이, 무슨 일탈이 꿈틀거리겠는가? 비록 그것이 『일리아스』이건 『파우스트』이건 혹은 위대한 홍명희의 『임꺽정』이라도, 그 모든 글쓰기에는 '영웅적 행위'는 물론이거니와 '영웅적 행운' 따윈 전혀 필요 없는 것이다.

글은 비록 빛나더라도 한갓 시체이기 때문이며, 흥미롭더라도 근본적으로 지질하기 때문이고, 필경 상호작용의 지혜와 현장의 역동성에 등을 돌린 추억에 지나지 않기 때문이다. 아아, 글을 쓰는 자, 스스로 충만한 삶을 배반한 자여!

역설적이지만, 행운에 대한 퇴행적 회억(回憶)은 이미 자본주의적 코드에 접속한 채로 번성한다. 예를 들어 노스탤지어가 내성적 원인이라기보다 체계적 결과이듯이, 행운은 결코 휴머니즘적인 게 아니다. '노스탤지어 산업'이 인문학적 전망의 부재—백화점 창문의 부재와 같이—에 의지하듯이, 인문적 성숙이 요구하는 지난한 연속성의 체험을 퇴각시켜버린 실용적 공간 속에서 '운자'(=행운을 바라는 자)들은 맹꽁이처럼 혹은 메뚜기처럼 뛴다. 운자들은 단자(單子)로서 외롭게 침울하거나 전자(電子)처럼 미친 듯이 분주하다. 그러면서도 운자들은, 뛰어들어간 바로 그곳의 우연성에서 자신의 생사를 거는 맹꽁이나 메뚜기에게 외려 부끄러운 존재일 수밖에 없는 것이, 정확히 말하자면 그들의 뛰어들어감은 구경이지 개입이 아니며, 투기(投企)이지 아무런 투신(投身)이 아니기 때문이다. 그러므로 사랑이, 추억이, 쿨(cool)함이, 혹은 심지어 아이러니(Ironie)가 상업화될 수 있는 것처럼, 행운은, 즉 (전술했듯이) "자본주의라는 보편적 체계의 틈이라고 오인된" 행운은 실은 자본주의의 틈이 아니라 자본주의의 틈을 메우는 (틈이 없는) 틈인 것이다.

이 경박한 행운의 시대에 행복을 찾아 간다는 것은 무슨 뜻일까?

이 기회와 요행의 세속 속에서 '복자'(=행복을 찾는 자)의 운명은
무엇일까? 행복이 결국 일상 속의 어떤 소박한 길일 뿐이라면,
그 일상이 일관되게 갖추어야 할 비용에 대해서 우리는 무엇을
알고 있는가? 운자에 비하자면 복자의 행태가 합리적으로 혹은
상식적으로 비치는 게 사실이다. 그러나 엄밀히 말하자면 복자의
합리와 상식은 복자의 내성적 자질이나 고유한 태도가 아니라,
복자가 몸을 담은 사회의 체계적 안정성이 문화제도적으로 현시하는
합리와 상식일 뿐이다. 그러나 이 합리와 상식은 복자가 자신의
행복을 구하는 중에 출발선으로 삼아야 할 현실이지, 그 행복을
의탁 혹은 위탁(委託)할 수 있을 이념이 아니다. 이와 대조적으로,
운자가 영웅과 투기꾼 사이에서 발밭게 바장일 수 있는 여지는 아직
충분히 체계화, 안정화, 등질화, 그러므로 합리화되지 못한 삶의
'사이공간'에 있다. 흔히 사이공간(Zwischenraum)은 눈 맑고 귀 밝은
아마추어들에 의해서 인문학적·예술적 창의성이 동면(冬眠)에서
깨어나는 지점으로 주목받곤 하지만, 바로 거기에는 배신자,
여리꾼, 간자(間者), 거간꾼 그리고 악마의 그림자들이 어른거리기도
한다. 행복은 쾌락의 일종이 아닌 것이다. 그것은 여투어두거나
혹은 덤으로 얻을 수 있는 게 아니다. 운자는 흔히 지름길을 찾아
일력(日力)을 소모하지만, 복자는 자욱길을 걷더라도 늘 제 걸음을
고집할 뿐이다.

운자의 약빠른 눈치 보기와 한탕주의를 질책한 채, 다만 복자의
합리성과 상식을 옹호하려는 게 글의 취의가 아니다. 워낙 그 합리와
상식이라는 것도 복자에게 '귀속'되는 게 아니라, 그가 잠시 '포함'된

사회의 잠정적 속성일 뿐이다. 만약 복자가 자기 존재에 대해 비평적 거리를 얻지 못한 채 합리'주의자'나 상식'주의자'로 머문다면, 아무래도 그는 운자의 역설적 짝패로 남게 될 것이다. 마찬가지로 '주의자'로서 추상화·자립화된 복자는, 예를 들어 관료제와 같이 편리하고 생산적인 체제들 속에는 '영웅이 없다'—그러나 (일)벌레는 많다—는 사실을 '예기치 않게' 증명하는 역할을 떠맡게 될 뿐이다. 그런 뜻에서, 합리화의 종말은 허무주의인 게 분명해 보인다. 그럼에도 불구하고 복자는 합리화를 출발선으로 삼아, 혹은 합리화를 통해 걸어 나갈 수밖에 없는데, (마치 아이러니의 관계가 부사적일 수밖에 없는 것처럼) 행복의 여정에서 귀신과 광자(狂者)를 동무로 삼을 수는 없으며, 그렇다고 탈세간적 의고주의 속에 머리를 박아 행복과 피난(避難)을 혼동할 수도 없기 때문이다.

쉽게 얻은 행복은 다 운자의 것이다. 그것은 '어떤 생활양식의 일관성'이라는 비용이 생략된 곳에서, 그곳이 비었든 채워졌든 상관없이 변덕이라는 자본제적 기질로 부박하게 반짝인다. 그렇다고 하더라도, 거꾸로, 행복이란 너무 어렵게 얻어진다는 인상이 짙어서도 곤란해 보인다. 예를 들어 '칠전팔기'니 '진인사대천명'이니 하는 메타포로 표상되는 행복이란 필경 행운의 본치를 띨 것이기 때문이다. 내가 말하는 행복은, 첫째 소박하며, 둘째 사거나 지배할 수 없는 가치에 터해 있고, 셋째 어떤 삶의 일관성에 의해 부사적으로나마 재생산될 수 있는 종류의 것이다.

'소박한 행복'이란, 행복의 종류를 나누려는 게 아니라, 행복은 반드시 소박해야 한다는 뜻이다. 행복이 별스럽거나 남다른 성취에 얹혀 있다면, 그것은 행운의 기색을 띠거나 경쟁의 상급(賞給)처럼 여겨져 그 보편성을 잃게 될 것이기 때문이다. 엘리트주의 미학이 독일과 일본의 파시즘과 접속하듯이, 행복이 엘리티즘의 의상을 입게 되면 자폐적으로 흐르기 십상이다. 물론 그렇다고 해서 그 소박이 '아우슈비츠' 소각장의 창문 틈을 간신히 비집고 소생하는 민들레의 행복을 합리화하는 종류의 것이어서도 안 된다. 말하자면, 삶의 소박을 이드거니 가꾸고 거기에서 행복의 거처를 마련하더라도, 그 소박과 행복이 탈정치화의 사사(私事) 속에서 기신하는 종류의 것이어서는 곤란하다는 말이다. 행복은 그 자체로 정치적인 것은 아니지만, 멀게든 가깝게든 직입(直入)하든 에두르든 어떤 '정치적 실천'을 지속적으로 요구한다. 못생긴 대추열매든 끌밋한 열매든 다들 대추나무에서 갈라져 나온 것처럼, 제아무리 소박한 행복의 실천에서라도 담론과 제도의 질서를 규제하는 체계는 엄연하다. 복자는 다만 그 체계와 타협하거나 아니면 창의적으로 불화할 수 있을 뿐이며, 혹은 이런저런 눈치를 살피면서 보신하거나 아니면 체계의 명령을 무시하면서 그 비용에 몸을 내맡길 수 있을 뿐이다.

행복이 구매력에 얹혀 있다면 그 천국은 백화점이거나 TV홈쇼핑과 같은 곳일 것으로, 그런 행복은 필경 능력과 경쟁의 상급(賞給)으로 환원되어 소외—결국 생산자의 소외에서 소비자의 소외로 옮겨갈 뿐으로, '소비하는 순간만큼은 자유롭다'는 명제는 전형적인 사이비다—를 피할 수 없을 것이다. 혹은 소비자 운동—"좋지 않은 상품은 좋은 상품으로만 극복될 수 있다고 본다"(박노해)—의 '정치적 비정치성'에서 엿볼 수 있는 것처럼, 사고파는 일 속의 행복이란 필경 애써 이룬 소량의 정치성마저 다시 팔아먹을 수밖에 없는 자가당착에 봉착하게 된다. 마찬가지로 한 사람의 행복이 지배받거나 통치될 수 있는 어떤 조건에 기댄다면, 필경 그 행복은 과오 없는 계산(fehlerfreie Rechnungen) 따위를 결코 고려하지 않는 카프카적 관료제, 다시 말해서 "사랑이나 증오나 모든 사적이면서 계산될 수 없는 감정적 요소들을 행정 업무의 수행에서 배제하는 특성을 완벽히 살리면 살릴수록 더욱더 고도로 발전하게 되는"(막스 베버) 관료제에 의해 포집(捕集)된다. 좋은 상품을 향한 개인의 욕망과 그 욕망이 담긴 관식(管識)이 결국 선량한 개인주의를 그 바닥에서부터 허물어버리듯이, 넓은 의미의 관료제적 통치와 지배—'공부'란 바로 이런 게 아니라는 점에서 그 특장(特長)을 보유한다—에 동의하는 행복은 이른바 '합리화의 역설'이라는 스캔들에 붙잡혀 이미/늘 디스토피아의 그림자를 흘린다.

계급 중심성의 파당적 실천으로부터 벗어나 문화 개념을 매개로 다양한 삶의 맥락 속에서 어떻게 권력관계가 재생산되는지를 밝힌 그람시의 '헤게모니'론 이후, 강제와 동의의 복합적인 연루에 대한 이해는 현대 이데올로기론에서 중요한 상식이 된 바 있다. 소통의 형식을 띤 헤게모니적 지배가 국가의 독재적 강제력(dominio)을 보완하고 있는 셈이다. 그러므로 결국 탈주선은 통치선과 내통하고 있다. 이런 식으로 정치의 장(champ)과 사회의 장은 실질적인 구별이 없어지고, 생활세계 전체가 체제의 식민지적 단말기로 구조화되며,

자유와 개성은 체제의 전령(傳令)이 되는데, 이같이 희미하지만
변함없이 지속되는 접속과 습합 속에서 행복론의 마지막 브랜드는
'살 수 있는'/ '통치할 수 있는' 종류의 것이 된다. 푸코도 지배관리
관계 혹은 통치(gouvernementalité)를 "타자 지배의 테크놀로지와
자기 지배의 테크놀로지 사이의 연결"이라고 정의한 바 있지만,
이제 행복은 통치의 그림자 속에서 기식하는 음지의 식물이 되고
말았다. 밤과 낮을, 음과 양을 횡단하는 무수한 생물체처럼 횡단과
이동성이 살 길이지만, 그림자 속의 삶이 길어지면서 음지가 집의
전부가 된 것이다. '소비자의 자유'가 그런 것이고, '타워팰리스'와
같은 벙커시티(bunker city)의 사적 관료제가 그런 것이며,
전자매체군(群)과 그 장(場) 속에 자신을 묶어놓고서야 안심하는
신세대의 취향이 그렇다. 끌밋하고 편리하게 관리된 자본제적
체계든, 각양각색의 탈주선에 접속하려는 수많은 소수자 운동이든,
오늘날의 행복이란 게 아무래도 통치선(線)의 너머를 상상하진
못하는 것이다.

행복에 대한 왜곡된, 특히 대중매체에 붙들려 유통되는 이미지는
우선 삶의 일관성을 희롱한다. '쥐구멍에도 볕들 날'이나
'일확천금'을 둘러싼 갖은 여론은 행복을 로또식의 상상력 속에
구금하고, 궁극적으로 삶의 형식을 통해 지며리 얻어갈 행복의
조건과 그 비용에 등을 돌리게 한다. 나는 근본적으로 행복을 '삶의
일관성'에 얹어 이해하거나 실천하려고 한다. 물론 이런 식의 이해와
실천이 초래하는 부담과 부작용이 있고, 그것의 요점은 기성의
현실에 안주하게 하거나 그 체제에 대한 순응·동화를 합리화한다는

것이다. 마르크스주의 혁명론과 동학의 개벽사상(開闢思想)을 비교할 때 '사람이 한울님'이라는 후자의 손을 들어 그 개인적 자발성과 극진한 상호작용(응대)에 주목하는 평가를 예로 들어본다면, 결국 '메시아적 단절의 철학'이 요청될 만큼 화급한 사회변동의 와중에서도, '삶의 형식'이라는 일관성의 매개를 챙기지 못한다면 필경 일을 그르치게 될 것이기 때문이다. 변곡점(變曲點)은 늘 생활 속의 일관성을 놓치는 지점에서 발생한다.

나는 오늘도 '행복한' 산책에 나선다. 동지가 가까우니 해는 짧고 마음은 이미 흩어지는 볕뉘를 쫓건만 걸음은 20년 전처럼 여전히 굳건하다. 발끝에 바스락거리는 낙엽이 정겹고 인기척에 모습을 감추는 청설모가 아쉽다. 그 누구도 그 무엇을 지배할 수 없고, 천금(千金)으로도 신뢰를 살 순 없다. 지난 시간들은 석상(石像)처럼 붙박여 있고, 남은 시간들은 기약이 없다. 그러나 내 삶…… 있는 그대로의 삶 속에서 내 행복을 건져올릴 수 없다면, 내 행복도 내 희망도 없는 것이며, 그러므로 내 삶도 없을 것이다. 깊이 상처받은 자들의 행복, 보이지도 잡히지도 않는 행복, 그래서 아침 는개 같은 행복일지라도, 나는 아무도 모르는 그 행복을 위해 오늘도 걷는다.

완벽한 대화

지나가는 사람이기에, 그것은 완벽했을까. 나는 대화할 '생각'일랑
아예 없었고, 오래전 나를 법(法) 없이 낳은 어느 여자를 찾아 바삐
걸음을 옮기다가, 문득 그의 물음에 접붙어 '무관심한 관심'으로 몇
마디를 흘렸을 뿐인데, 헤어지며 흘깃 돌아보는 기억 너머로, 내가
책임질 수 없는 하아얀 말(言)의 집이 하나 보였으니, 그러나 그것은
내가 여태 보지 못한 완벽한 대화였다. 완벽한 것은, 언제나 내
생각보다 빠르게 지나가는 것 속에만 있어, 생각은 덧없고, 덧없이
그 생각을 쫓는 나는 이미 오래전에 망-하-였-다.

1. 까칠함은 그 기원의 거리와 무관하게 늘 가까이 체감된다는
점에서 흔적(trace)이며, 따라서 그것은 자아(ego)로 귀속한다.

2. 서늘함은 그 풍경의 채색과 무관하게 늘 멀리 느껴진다는 점에서
아우라(aura)이며, 그것은 주체(subject)로 기입된다.

3. 까칠함은 그 초기 인상의 물질성과 다르게 결국 '생각' 속으로
잠적하기 쉽다. 그러나 서늘함은 오직 '관계' 속에서 (낯설게)
체감되는 타자의 자리다.

4. 서늘함이, 시쳇말로 눈물을 뚫어낸 뒤의 천공(天空)의 자리, 내
눈물이 식어 얼음처럼 차가워진 타자의 자리, 내 상처가 굳어 돌처럼
단단해진 바로 그 무늬−자리를 뚫고 피어나는 얼레지꽃과 같다면,
까칠함은 내 더운 눈물 속으로 임의로 회집되는 유채꽃의 풍경으로,
필경은 도착(倒錯)이다.

5. 까칠함은, 연암이 '인의의 사귐'을 말하면서 제시한 그
'틈'을 놓친다. 그러나 서늘함은 바로 그 같은 틈이 전부다.

사이공간(Zwischenräume)에서 얻은 이치를 과소소통(under-communication) 속에서 묵히는 것, 그것이 서늘함의 전부인 것이다.

6. 까칠함은 빠르게 음-해(陰-害)하고 서늘함은 느리게 음-조(陰-助)한다.

7. 까칠함은 이별할 수 없음의 환유이지만, 서늘함은 이별할 수 있음의 은유와 같다.

1. 가급적 도심(都心)을 피한다. 예쁜 공원길이라도, 차도가
지척이거나 '파워워킹족'들이 좀비처럼 흘러다니면 하등이다. 시외나
심지어 산이라도 나무가 없거나 적은 곳은 썩 좋지 않다. (따라서
해변을 걷는 일에도 나름의 운치가 깊지만 그것은 산책의 본령이 아니다.
요컨대, 짠물이든 민물이든, 물이 너무 많은 곳에서는 산책도 수행도
대화도 어렵다.)
그리고 숲과 산이란 무릇 '계단이 없는 곳'이니, 비록 밀림 속이라도
계단식의 길을 오르는 짓은 산책/산행의 이치에 어긋난다. 조금 더
까탈을 부리자면, 원예종 꽃들이 배우처럼 방실거리는 베르사유
정원 같은 곳도 아니다. 제 맘대로 피는 꽃들의 재롱은 어쩔 수
없으나, 묵직한 거목의 운치를 배울 수 있는 길이면 상등이다.
산책은 무엇보다도 '우연'의 깊이를 배우는 곳이기 때문이다.

2. 시간을 꼬집어 고집할 이유는 없다. 나는 편의상 대개 해질녘을
택하는데, 주로 외식(外食)으로 일식(一食)하는 편이라, 천변이나
산야를 따라 한 시간 남짓을 걷고 적당한 식당을 찾아든다.
허소(虛疎)의 미학과 부재의 존재론을 살피는 산책이라면, 해 뜨는
시각이 아니라 해 지는 시각을 택하는 것이 지당하다. 이를테면

'욕심을 버리고 의욕을 키운다'는 상념은 석양의 천변을 따라 자생한 것이다. 지고, 흐르는 세상을 보면서 그 누가 겸허해지지 않겠는가? 드물게는 색다른 곳을 찾아 두 시간 혹은 그 이상을 걷기도 하지만, 산책이란 모름지기 몸이 주체가 되는 노릇이니 몸이 시키는 대로 따를 일이다.

3. 산책은 술보다는 차(茶)와 같아, 혼자 걷는 게 좋다. 물론 혼자 걸으면서 '생각'을 하라는 게 아니다. 혼자 하는 생각은 대개 비생산적일 뿐 아니라 종종 자익적(自溺的)이다. '공부'하지 않는 이들에게 오히려 '생각'이 많다는 것은 결코 우연이 아니다. 잡념 속에 천 년을 빠져 있어도 구원은 없다. 산책의 요체는 오히려 생각과 의도에서 벗어나는 것이다. 그래서 자기라는 거울의 바깥으로 몸을 끄-을-며 외출한다.
동무들과 나누는 산책의 기쁨도 결코 적지 않다. 하늘과 나무와 바람에다가, 다정하고 서늘한 대화까지 섞인다면 인생의 천국을 따로 구할 노릇이 아니다. 하지만 역시 요체는 중용인데, 말이 걸음을 죽여도 곤란하고, 걸음이 말을 놓쳐도 안 된다. 다변(多辯)인 자는 말수를 줄여야 하고, 눌변인 자는 걸음에 의지해서 입을 벌릴 수 있다.

3-1. 그러면 동무가 아니라, 연인과 산책할 수 있는가? 내 답변은 '노'(努)! 즉 그저 노력하는 수밖에 없다는 것. 연인과 더불어 산책하기 어려운 것은, 우선 연정은 욕심이지만 산책은 의욕이기 때문이다. 양보, 눈치 보기, 그리고 들뜸은 모두 산책에는

치명적이고, 연정이란 무릇 의도의 옹두리에 얹혀 근근이 성립하는
것이니, 산책이라는 그 허소의 길과 어긋난다.

4. 산책은 등산과 무관하며, 따라서 등산객의 구색은
별무소용이다. 등짐이나 지팡이, 모자나 선글라스 등은 없애고,
가능하면 몸을 죄는 옷이나 신발은 피한다. 시계를 포함한 장신구
일체도 몸에 걸치지 않는다. 산책은 우선 '몸을 숨기지 않는 일'이기
때문이다.
신체의 이완과 수축, 흐름과 매듭을 제대로 느끼는 일은
산책을 '이동'과 차별화하는 중요한 지표다. 불교에서 말하는
염신관(念身觀)은 몸을 보고 느끼는 수행법인데, 산책과 같은
경행(經行)으로도 염신이 가능하다.

5. 몸에도 기계와 같은 면이 있다면, 기계의 사북은 응당 엔진과
굴대(軸)다. 호흡으로 보면 몸의 엔진이 단전(丹田)인 셈이고,
산책으로 보면 그 몸의 굴대가 곧 단전이다. 이렇게 보면 머리통과
사지(四肢)는 아랫배를 축으로 돌아가는 바람개비의 날개와 같다.
이처럼, 산책의 근기는 몸의 굴대를 중심으로 사지를 놀리는 기술에
기댄다.
산책 후, 특히 허리에 통증을 느끼는 것은 몸의 운용에서 대체로
굴대(아랫배)를 제대로 활용하지 못했기 때문이다. 굴대가
확연해질수록 호흡의 중심도 단전으로 모이는데, 내가 오랫동안
연습해온 경행호흡법(經行呼吸法)의 이치도 이와 같다.

6. 산책은 몸의 섭동(攝動)을 통해 부권제적/자본제적/도시주의적 삶의 양식과 창의적으로 불화하는 사잇길을 만드는 훈련이다. 그런 뜻에서, 메타포가 무기(武器)라면 실로 산책만 한 것을 찾기도 어렵다.

나는 거꾸로 걷기나 맨발로 걷기 따위에는 별 취미가 없지만, 실제로 산책이란 중요한 의미에서 '거꾸로 걷기' 혹은 '맨발로 걷기'와 마찬가지다: 그것은 '다르게 걷기'이며, '어긋나게 걷기'이며, '흔들리면서 걷기'이며, '온몸으로 걷기'이며, '기(氣)로 걷기'이며, '생각보다 빠르게/느리게 걷기'이며, '의도나 상처보다 앞서/뒤처져 걷기'이며, '버리면서 걷기'이며, 그리고/마침내 '걷다가 죽어버리기'이다.

7. 그 누구나 걷는다. 그러나 일찍이 나같이 걸은 사람은 없었을 것이다. 그래, 너도 나처럼 걸을 수 있느냐?

1. 일식은 절제라거나 금욕과는 별 관계가 없다. 은자(隱者)도
도인(道人)도 아닌 내게 일식은 어떤 형식의 쾌락이라고 해도 좋다.
그런데 그 쾌락은 거꾸로, 배변술(排便術)로부터 거슬러 올라오는
것이다. 그러므로 일식의 일(一)은 배변의 정점(頂点)과 하나(一)로
이어져 있다.

내가 해보니, 일식은 입속의 문제도 위장의 문제도 아니었다. 그것은
몸의 문제 혹은 기(氣)의 문제인데, 이를 요약해서 배변의 문제라고
한 것이다.

'기(氣)의 문제'라고 해서 신통방통한 지랄(知剌)을 떨어서는 안
된다. 지랄을 부리려면 비만인 채로 책 한 권이라도 더 읽는 게
낫다. 일식에는 아무런 신통한 일이 없고, 그것은 기껏 몸의 버릇을
조금 바꾸는 일에 불과하다. 수년 전에 내가 어떤 고서(古書)를
통독하면서 순전히 장난삼아 귀신을 쫓는 '보법'(步法)을 익힌 적이
있는데, 외려 귀신들이 쫓아오기 좋겠더라.

2. 일식의 요체는 선신위정(善身爲靜), 오직 그것이다.

3. 내게 일식의 반려는 차(茶)다. 차는 내게 워낙 종교 같은 것이라,
몸을 낮추는 효과 속에서 음식이 몸에 내려앉는 체감을 얻기에
좋다. 일식이란 결국 신성(身省)의 한 가지 방식이며, 그런 뜻에서
음식을 낯설게 느끼기에 다름 아니기 때문이다. 살과 음식 사이의
근원적 불화(不和)를 느낄 수 있을 때에 일식은 요령을 얻는다.

물론 이 근원적 불화로부터 새로운 형식의 쾌락이 싹튼다. 다시
말하자면, 일식은 거식(拒食)의 일종이 아니다. 그것은 몸의 버릇을
재구성하는 과정에서 얻는 새로운 쾌락의 틈이다. 몸조차 역사라는
사실에 정통한 인문학도로서 '기원'에 애착을 두는 일은 종종
어리석지만, 일식은, 이를테면 버릇과 버릇 사이에서 흘깃 엿보이는
시원적 쾌락의 가능성이기도 하다.

4. 의식(儀式)과 절차가 많은 것은 강성 매체이기 때문에 필경
인간을 죽인다. 그러므로 무엇보다도 일식을 무슨 신묘한 공부의
일종으로 여기는 태도부터가 암적(癌的)이다. '일식을 하시면 힘들지
않으세요?'라고들 하는데, 몸은 워낙 짐승이라 잘 따르는 법이고,
또 그 법식이 생활의 방식과 연동해 있으면 자연스러워진다. 물론
생활이 간소해야 하고, 따라서 욕심도 차츰 줄어든다.

5. 일식을 하면서 얻는 효과 중 한 가지는, 당연한 얘기이지만,
음식의 체감이 바뀐다는 것이다. 사람들이, 내가 음식을 먹으면서
그 맛을 상찬하는 모습을 흥미롭게 여기곤 하는데, 내가 일식을

일러 '어떤 형식의 쾌락'이라고 부르는 일이 곧 그런 것이다. 먹기가
결국 살과 살이 만나는 양식이라는 상식에 다시 주목한다면, 누구든
그 만남을 위해 제 나름대로 준비해야 하는 게 당연하고, 음식이
음식이 되는 것은 음식이 바로 그 음식이기 때문이 아니라, 내 몸이
그 음식을 만나는 방식을 생활의 양식 속에서 깊이 준비해왔기
때문이다.

6. '무소유'라는 부재의 상징성으로 말미암아 오히려
(非'상황주의자'적으로) 유명한 법정(法頂)은 이렇게 말한다. "아침은
부드럽게, 점심은 제대로, 저녁은 가볍게, 이것이 내 식생활의
실상이다."[8] 저녁을 가볍게 조치한다는 그의 말은, 특히 하루의
뒷갈망이 깔끔하고 간소해야 할 수행자의 생활에 비추어 당연한
선택이다. 그러나 일개 학인에 불과한 나는, 기상 시간이 오전
11시에 가까운 데다 저녁으로 일식을 하고 새벽까지 줄곧 차(茶)와
커피를 마시면서 촘촘하게 짜인 일정을 버텨내다 보니, 그 한 끼의
식사를 매양 '가볍게' 처리할 수 없는 궁색한 면도 있다. 주로 5000원
안팎으로 외식하는 것이 고작이지만, 그래도 '제대로' 한 끼를 먹는
편이다. 여담이지만, 저녁을 '거하게' 조치하는 것은 부지불식간에
자본제적 소비-향락 체계에 엮이는 짓이라는 점에도 일말의 성찰이
필요하다. 따라서 (수행자들의 개인적인 선택과 무관하게) 저녁을
생략하거나 가볍게 처리하는 것은 자본제적 체계와 창의적인 불화를
일구어내는 매체정치학적 선택으로 활용될 수 있다. 가령 내가
지척에서 3년간을 눈여겨보았던 현재(鉉齋) 김홍호 선생은 도인 같은
목사로 하루에 점심 한 끼를 드셨다. 현재 선생이 일식의 버릇을

모방한 스승 다석(多夕) 유영모 선생은 저녁 한 끼로 일식하였는데, 그분 같은 정심(精心)이야 점심(點心)이든 저녁이든!

7. 일식은 물론 음식의 양(量)을 말하는 게 아니다. 어쩌면 그것은 끼니의 회수에 대한 집착조차도 아니다. (배 터지도록 한 번에 몰아서 먹는 게 '일식'이 아닌 것!) 내 주변의 학생들이 내게 이식(二食)을 하네, 일식을 하네, 하면 나는 웃으며 말한다. 일식은 이른바 선신위정(善身爲靜)의 방식에 불과하다고, 그것은 삶의 양식이며, 몸에 달리 말을 거는 형식이며, 우리가 그 속에서 살아갈 수밖에 없는 '체계'에 대한 실천적 성찰에 불과하다고.

나는 목사와 중들이 음식을 탐하는 것을 무수히 보았다. 그러나 문제는 그 음식의 양이 아니라 식욕으로 드러나는 탐'심'(貪心)이다. 아니, 그것은 전혀 마음(心)의 문제도 아니다. 오히려 그 탐심이 그 성향과 태도에 스며들고, 마침내 삶의 양식과 세계관으로까지 이어지는 것이 내 관심거리다. 흥미로운 현상은, 음식을 탐할수록 말(언어)도 탐하는 것을 흔히 경험할 수 있다는 것이다. 목사들이야 말 많은 종교의 식객(食客)이라고 쳐도, 왜 중들조차 그토록 수다스러운지, 차마 우스꽝스러운 노릇이다. 내가 수행자들—관료 목사들, 관료 중들은 말고!—이 음식을 탐하는 것을 탐탁지 않게 여기는 일이 바로 여기에 있다. 음식도 아니고 그 마음도 아니지만, 문제는 그 탐심이 호출하는 삶의 양식에 묻은 의혹이라!

흐릿한 가설에 불과하지만, 음식과 말 사이의 관계를 엿볼 수 있는

또 다른 사례로서 나는 프랑스인과 독일인의 차이도 고려해볼
만하다고 여긴다. 물론 '프랑스인들은 독일인들보다 음식을 더
밝히고 말도 많이 한다'는 추정적 일반론은, '사람마다 경우마다
다르다'는 식의 하나 마나 한 반론에서부터 각양각색의 이론(異論)에
부딪히게 될 것이다. 심지어 목사와 중에 대한 판단을 포함해서 이
일반론조차 결국 내 개인의 사적 인상을 일반화한 것에 불과하다고
하더라도, 나는 이 글의 요지를 바로 그 일반론의 맥락에서나마
고려해봄 직하다고 여긴다. 조금 더 대담해져본다면, 나는 이 같은
맥락에서 '프랑스 : 독일 = 전라도 : 경상도'라는 흐릿한 일반론으로
나아갈 수 있으리라고 본다.

8. "비장은 기운을 길러주지만 기운이 흩어지지 않고 위로 오르게
하는 것은 언어를 삼가는 것에서 비롯된다. 기운이 막히지 않고
아래로 나가게 하는 것은 음식을 절제하는 것에서 시작된다."[9]

대체 그 누가 믿을 수 있을까? 그러나 일식(一食)은, 기이하게도,
말(言語)의 문제인 것이다. 물론 음식과 말은 아무런 인과관계에도
있지 않다. 그러나 그것들은 마치 한 냇물에 실려가는 나뭇잎과
풍뎅이처럼 같은 이치의 흐름 속에서 어찌할 수 없이 조응하게
된다. 물론 그 매개는 어떤 삶의 양식이다. 개연성은, 음식과 말이
그 양식에 얹혀 비인과적 상호 관련성 속으로 휩쓸려 들어간다는
것이다.

9. 나는 음식을 먹는 일에 제 나름의 분별을 지켜 자신의 삶의

성격을 요량할 수 있는 낌새로 삼고, 나아가 그것이 버릇과 생활과
체제에 관련되는 방식을 탐색하는 것이 다만 수행자들의 몫이
아니라, 어쩌면 이 시대의 지식인들도 화제(話題)로 내세울 만한
것이 아닐까, 나름대로 궁리해왔다. 물론 타인의 취향에 간여하지
않는다는 자유주의자들의 태도는 그 자체로 부족한 공산(公算)이다.
개인 사이에서 작동하는 취향의 방식이 더러 칼처럼 예리하다는
사실, 그리고 어차피 개인들을 넘어설 수밖에 없는 취향의 완악함을
고려한다면, 음식 먹기—특히 술 먹기는 더 말할 것도 없지만—는
지식인들의 실천적 화두로서 따져둘 만도 하다.

그녀가 내 사랑을 증명하라고 하였다. 차가운 달을 보면서 먼 길을
홀로 걸었다. 길은 무서운 곳이다. 길 위에 놓인 몸이 먼저 알아채기
때문이다. 길의 기하학 위로 좌표 속의 사랑이 증명될수록 그녀는
점점 멀어진다. 식(蝕)이다! 증명하고 죽을 텐가? 아니면 길이
되시려는가?

식(蝕), 혹은 사랑을 증명하지 않는 법(2)

"어제는 울었지만, 오늘은 당신 땜에, 내일은 행복할 거야."

그녀가 사랑을 증명하라면서 달을 따오란다. 망태를 메고 장대를
들고 고산(高山)에 오르는 데만 30년이 걸렸다. 흰 달은 눈 끝에서
시리고, 사랑의 기억은 자주 흐리다. 정상에 서서 장대를 쥔 채 북쪽
하늘 속을 겨냥하려는데, 그 사이 달의 몸뚱이에서 피가 흐르고
수많은 장대가 한꺼번에 돋는 소리가 차마 아프리카의 말벌 떼 같다.

서울의 어두운 한 모퉁이, 여관에 들어 짐을 풀자니 장갑 한 짝이
보이지 않았다. 생전 처음으로 구입한 다갈색 가죽장갑이었다.
나는 남은 한 짝을 쓰레기통에 던져버렸다. 세상모르고 단잠을 잔
뒤에 아침 일찍 여관을 빠져나왔다. 저녁에 다시 만난 R이 잃어버린
가죽장갑 한 짝을 내놓았다. 나는 밤늦게 그 여관을 다시 찾아
302호 실의 쓰레기통을 탐문했다. 아주머니는 불과 몇 시간 전
쓰레기 수거차에 실려갔다며 제 것처럼 아쉬워했다. 그래요? 나는
홀로 된 그 나머지 한 짝도 길가의 쓰레기통에 던져버렸다.

식(蝕), 혹은 사랑을 증명하지 않는 법(4)

2박3일로 이삿짐을 고르고 싸는 중에 틈틈이 지난 편지를
살피는데, '사랑을 증명하(려)는 편지들'이 적지 않다. 퇴색한
편지들은 수신자의 나르시시즘 속으로 함입(陷入)될 뿐, 그 발신자의
사정을 묻지 않는다. 이윽고 나는 아무래도 그 발신자들을 호명할
수 없고, 그 이름들은 삼류 소설 속의 '영자'처럼 기분 속의 글자가
되어 아메바처럼 부유(浮游)한다. 식(蝕)은 시간, 그 시간의 벌레를
가리킨다.

욕망은 과거를 잠식당하는 삶의 양식이다. 물론 사랑은 가장
뻔뻔하고 당돌한 거짓이다; 그 거짓을 피할 수 있는 방법은 두
가지인데, 시간의 벌레(蝕)와 함께 과거 속에 기억을 양도하거나,
부지런히 욕망하다가 벌레처럼 죽는 길이다.

1. 애인은 무게로 표상되지 않는 법이다. 그러나 애인이 얼굴이
아니라 무게가 되었을 때, 그때 이사는 실존적인 체험이 된다.

2. 서독(西毒)은 서쪽으로 이사를 간다; 그러나 동사(東蛇)들은
늘 동쪽으로부터 뒤늦게 나타난다. 동쪽에서 보는 서쪽은 오직
원경(遠景)으로만 가능하며, 동쪽의 호의는 해거름보다 빠르게
닳는다.

3. 사람은 장소의 영성이고, 터가 바뀌는 사건에는 모조리 외상적인
데가 있다. 인문학은 워낙 인문지리학인데, 그것은 바로 이 외상을
살피는 일에서 비롯된다. 장소의 영성, 그것은 엘리아데나 니시타
기타로 같은 이들의 현학이 아니다. 이사를 하면서도 내내 그 영성의
흔들림을 느끼지 못한다면 네가, 바로 네가 아직 사람은 아니다.

4. 이사는, 일시적이나마 스스로가 감당할 수 없을 정도로 자아가
넏브러지는 체험이다. 더불어 그 같은 자아의 비(非)-자아성이
피할 수 없이 되돌아오며 통절하게 각성되는 체험이기도 하다.
흔히 여행이나 이사를 인생의 성숙에 비기는 일은 그렇게 해서

가능해진다. 그러나 이 각성마저도, 독신자로서, 홀로, 장시간, 많은 물건과 뒹구는 체험 속에서야 서서히 드러난다.

5. 이사는 작은 죽음이다. 낯익은 터를 떠나고, 낯선 터에 스며드는 체험 속으로 죽음이 따라오지 않았다면 아직 이사를 한 게 아니다.

1. 최초의 똥(dung)이 하나의 선물(don)로서 경험된다는 프로이트의
설명이 옳다면, 자신의 시(詩)가 게재된 문예지들을 버렸다는 시인
송재학의 깨침에서부터 배변은 시작되는 것이다.

2. 역시 프로이트의 설명처럼 똥을 싸지 않으려는 연놈은 나쁘다.
조금이라도 나은 인간이 되려는 '의도' 속에서 똥을 싸기는
어렵지만, 어느 순간 우리가 산드러지게 똥을 쌀 수 있다면 우리는
그 의도 너머에서 한껏 명랑한 메시아적 기운을 느끼게 된다. 배변도
'지는 싸움'의 일종인 것이다.

3. 돌이켜보면, 자신의 몸을 버릴 수 있을 때에 이르러서야
우리는 진정으로 똥싸기를 다시 배운다. 그것은 내가 진작부터
말해온바, '수동적 긴장'의 형식을 배우는 일이기도 하다. 그러나
똥을 비우면서 삶의 이치마저 배우는 것은 아무나 할 수 있는 일이
아니다. 우선, 다소 기이하게 들리겠지만, 똥싸기를 철저하게 다시
배워야 하는 것이다. 그것은 마치 남을 돕는 것이 동정이나 호의가
아니라 철저한 공부와 더불어 시작된다는 사실과 닮았다.

4. 배변은 일정한 시간대를 정해 몸이 그 타이밍을 익히게 하고 그 유기적 관계를 '자연화'시켜 효율을 높이는 게 좋다. 이때 '자연성'이란, 몸 전체가 유기적으로 병동하는 리듬 속에 배변 행위가 얹힌다는 뜻이다. (미국 실용주의자들의 '버릇'에 관한 논의도 비슷한 이치를 담고 있으니 참고할 만하다.)

5. 똥싸기를 게을리, 서투르게 해서 쌓아놓은 숙변(宿便)은 이를테면 '저주의 몫'(바타유)이다. 고대인들이, 자신의 몫 이상을 취하고 나누지 않는 짓을 일종의 우주적 죄악으로 여겼던 인류학적 보고에는 극히 실용적인 함의가 있다. 말리노프스키의 지론처럼, 신화는 종교와 달리 극히 실용적이다.

6. 배변이 즐거운가? 그러므로 낙이불음(樂而不淫)은 성기가 아닌 항문의 몫으로 겸허하게 배당할 수 있는 게다. 그러나 즐거움으로는 부족하니, 차마 즐거움조차 없어야 한다. 그 관심은 몸의 충실성으로 인해 무관심에 근접하고, 똥이 몸을 떠나니 마침내 온 세상이 하아얗게 빛난다.

7. 하루에 한 번씩 배변한다. 하루—밤낮에 조응하는 몸의 이치를 잊어버린 채, 무조건 규칙적이면 된다는 치들이 있지만 권할 만하지 않다. 가령 나는 자리에서 일어난 후 대략 10분이 지나고 화장실을 찾는데, 오직 배변과 관련시키면 그 10분은 아래와 같다.
a) 침구를 정돈하고 침실을 쓸면서 '긴 듯 아닌 듯' 배를 느낀다. 이 '느낌'은 변을 담고 있는 배가 몸의 유기적 전체와 관련해서 어떤

배치를 이루었는지를 알게 하고, 거의 자동적으로 몸을 흔들거나 움직여 내장(內臟)을 준비시킨다. 물론 이 느낌만으로도 당일의 배변 사정은 환하게 드러난다. '공을 잡으면' 이미 당일의 승패를 안다고 하지 않던가? 상대의 검기(劍氣)는 단련된 몸에 절로 찾아든다.

b) 더운 차(발효차)를 조금 마신다. 녹차는 내가 애용하지만 이때만큼은 피한다.

c) 욕심을 버리고 입장해야 한다. 훈련은 좋은 결과를 낳긴 하지만, 결과에 대한 애착은 훈련의 오기(傲氣)를 되불러와 몸을 실없이 긴장시킨다. 명심하시라, 배변은 오직 비우기이니, 그 모든 집착은 해롭다.

8. 상체를 곧추세우되 힘을 빼고 편안히 변기에 앉는데, 그 요점은 목구멍-위장-똥구멍의 루트를 마치 기맥(氣脈)처럼 느낄 수 있어야 하는 것이다. 그러나 이것은 요건이라기보다는 오히려 그 결과이자 체험의 한계에 가깝다. 한편 이것은 자신의 생활 방식이 몸을 통과하는 층과 결을 낮고 겸허하게 느끼는 노릇이 덕(德)을 얻은 셈이다.

9. 기술적으로 가장 중요한 일은 괄약근(括約筋)을 성급하게 놀리지 않는 것이다. 가령 이 훈련의 요체는, 괄약근에 힘을 주어 변을 끊는 짓으로부터 영영 작별하는 데 있다. 장(臟)과 항문의 괄약근이 유기적으로 연동하고, 변이 장운동의 힘에 고르게 얹히면 응당 괄약근의 노릇은 최소화될 수밖에 없는데, 이윽고 그것은 그저 마지막 터널에 지나지 않게 된다. 이를테면 괄약근의 욕심을 죽이고

그 의욕을 높이는 길이다. 그러나 그 길은 결코 쉽지 않은데, 이는 결국 '온몸으로' 배변하는 일에 다름 아니기 때문이다. 비유하자면, 음식을 먹을 때에 혀로 먹는 사람이 있고, 배로 먹는 사람이 있으며, 온몸으로, 혹은 기(氣)로 먹는 사람이 있는데, 배변 시에 괄약근의 성질을 죽인 사람은 마치 식사할 때 혀의 조급을 죽이고 온몸으로 이드거니 음식을 만나는 사람과 같다.

10. 이렇게 되면 변은 끊어지지 않고 하나의 긴 줄기로 단번에 낙하하는데, 양끝이 매끄러운 유선형을 취하되 그 성질이 묽지도 딱딱하지도 않다. 이 경우, 항문을 닦을 필요가 없을 정도로 자연 깨끗하게 뒷갈망이 되는 법인데, 물론 닦지(씻지) 말라는 말이 아니다.

11. 입실해서 3분 내로 배변을 마치지 못한다면 당신의 생활양식이나 섭생을 되돌아보아야 한다.

12. 물론 뒷맛은 마땅히 개운해야 하며, 심지어 내장이 한꺼번에 빠져버린 듯한 공복감을 느껴도 좋다. 배변과 동시에 목구멍에서 똥구멍까지가 통으로 뚫린 느낌이 든다면, 이제 당신은 하산길에 접어든 것이다.

1. '이제' 금(今)에 '이' 시(是)이니, 이것은 시간과 공간이 주체의
선택과 그 집중 속에 응결되어 마침내 시간과 공간을 벗어나는
중성성을 가리킵니다. 물론 내가 늘 말해오던 '욕심이 아닌 (하아얀)
의욕'이 바로 이것입니다. 이 중성성은, 금시아물(今時我物)을
여일(如一)하게 통합하는 극진성과 같습니다. 이 중성성의 버릇은
'선악의 너머'(니체)로 나를 안내하며, 수많은 눈치 속에서 아무런
눈치를 보지 않고 나를 안팎으로 알뜰하게 만들어줍니다.

2. 당신은 시공간 속의 타자를 통해, 그리고 타자와 더불어 자아가
됩니다. '생각'만 많아지는 그 자아의 반성적 형식으로부터는
속히 벗어나는 게 낫습니다. 그 타자는 달라이 라마여도
좋고, 차(茶)라도, 4월의 봄맞이꽃이어도 좋습니다. 여기에서
독신(獨身)이란, 매번의 시공간 속에서 타자를 온몸으로 느끼고
대하는 태도를 가리키는데, 그것은 극진의 물질성 혹은 물질의
극진성에 다름 아닙니다. 그래서 독-신(獨-身), 즉 '단독자로서의
몸'은 개인 윤리의 기초일 수밖에 없고, 그 자체로 공부의 기초일
수밖에 없는 것이지요.

3. 금시(今是)라는 결절점은, 어느 순간에 생성되는 나와 장소의
접촉점으로부터 시작합니다. 혹은 돌려 표현하면, 어느 장소에
착실(着實)하게 개입하는 나의 무시간성으로부터 시작합니다.
신발을 벗거나, 문을 열거나, 잠시 옆으로 비켜서거나, 한마디
인사를 건네거나, 찻잔을 비울 때, 나(我)는 즘(今)과 이(是)를 통해
넘(他)을 만납니다.

4. 선가(禪家)에서 말하는바, '선(禪)은 속도다'라거나, '순간에
나락으로 떨어진다'는 말은, 이 극진한 중성성에서 펼쳐지는
영락(榮落)의 계기를 가리킵니다. 지금(今), 바로 이(是) 여기에서
너(他)를 만나는 데에 나의 천국이 있고 나의 지옥이 있는 것입니다.

5. 독신은 금시(今是), 곧 '지금이 곧 (그것)이다'라는 삶의
가능성입니다. 그 속에서는 매번 '집중의 유지 가능성'(sustainability
of attention)이 실험되는데, 집중이란 그저 시작에 불과하지만,
금시의 집중을 향한 하아얀 의욕이 생활 속에 내려앉으면 최소한
"우리는 집중할 때마다 우리 속의 악(惡)을 죽인다"(시몬 베유)는
정도는 사실일 것이기 때문입니다.

1. 독신은 어쩌면 극적(劇的) 행위다. 영영 '전달'되지 않는다는
뜻이다. 그것은 (그 누구의 설명을 빌리면) 규범도 소통도 목적론도
아니다. 오직 자신의 삶을 전체로서 조형할 수 있는 상처와 오해의
관록(貫祿) 위에서야 서서히 완성된다. 그러므로 제 나름의
규제욕, 연인과 친구에 대한 소통욕, 그리고 성급한 목적욕이
번성하는 나이에 독신을 운위할 수는 없는 법이다. 독신은
먼지마저 땅에 내려앉는 나이, 그 관록, 그 상처 위에서만 조용히
가능해진다.

2. 내가 말하는 독신은 생활 전체가 어떤 종류의 도미노처럼
위태롭게 얽혀 있는 생활양식의 연쇄다. 그렇기에 그것은 '선택'할
수 없다. 그것은, '내가 그렇게 변한 것을 늘 뒤늦게 깨닫게 되는
바로 그것'(It's what I always belatedely find myself having turned
into)과 같다. 그러므로 독신은 내다볼 수 없고 오직 되돌아볼 수
있을 뿐이다. 내다보는 독신의 풍경은 종교와도 같아, 그것은 마치
메시아처럼 영영 오지 않는다. 그러나 내가 동경했던 독신은, 마치
자신이 메시아인 줄도 모르는 중에 살아버린 어느 일생의 형식을
닮은 것으로, 근본적으로 겸허한 것이다.

3. 독신은 제도로서의 혼인 여부에 의해 결정되지 않는다. 독신이
아닌 싱글도 부지기수이고, 독신스러운 기혼자도 적지 않다.
독신은 외려 어떤 종류의 '고향상실'(Heimatlosigkeit)과 유사한
기질이자 태도로 여기는 게 낫다. 이를테면 그것은 계몽주의와
신자유주의의 세계시민성(cosmopolitanism)을 뛰어넘은 제3의
고대성(古代性)이라고 해야 할 것이다. 가령 키르케고르의
파혼(破婚)이나 니체의 실연은 이 같은 고대적 직관에 기원을 둔
것이다. 제도적 지속에 대해 느낄 수밖에 없는 존재의 낯섦, 그
낯섦의 의지로써 독신은 지속된다.

4. 사람의 온기가 흩어진 곳은 곧 '공간'으로 변하고 그 공간은
필연적으로 식는다. 외출 후 귀가했을 때에 당신을 둘러싸는
그 휑한 공기를 애인의 유방처럼 공대할 수 없다면, 혹은 마치
결의할비(決意割鼻)라도 하듯 단단히 영접할 수 없다면, 이미 그것은
독신이 아닌 것이다.

5. 독신은 일종의 장소이므로, 장소를 대하는 나름의 방식에
의해 독신의 질(質)이 결정된다. 어쩌면 그것은 물건들과의
코뮌(commune)이라고 해도 좋을 자잘한 움직임 속에서 조용히
빛나는 명랑함이다.

In this kitchen bright and cheery,
daily chores I'll never shirk

So bless this kitchen Lord

And bless me as I work.

"우리가 이해할 수 있었던 모든 것은 우리가 이해했다는 바로
그 이유로 인해 우리 자신의 타락한 논리에 연루되어서 우리를
구원해줄 수 없게 될 것이지만, 반면 진정으로 색다른 것 혹은
전복적인 것은 우리가 지니고 있는 재현의 틀에서 완전히 벗어나
칸트의 신비스러운 실체(Noumenon)만큼이나 근거 없이 여겨질
것이다."(테리 이글턴)

1. A와의 인연은 내게 부절(符節)처럼 의심할 수 없이 끼어들었다.
융(C.G. Jung)의 말처럼, 그 영혼의 잠재력을 일깨워서 학생이
부지불식간에 품고 있는 또 다른 자아가 누구인지를 일러줄 수 있는
사람이 선생이라면, 최소한 나는 영락없는 A의 선생이었다. 내게서
배운 지 3개월이 지나자, A는 "K를 만나기 전까지 나는 아무것도
아니었어"라고 떠들어대기 시작했다. 우연히 그녀의 재능을 알아챈
순간, 나는, 왜 주변의 그 누구도 그토록 확연한 A의 재능을 눈치
채지 못했는지 의아했고, 또 조금 탄식했다.

B는 상식을 공부와 (심오하게) 혼동하는 타입이었고, 아무래도 내
인정을 얻을 수 없다는 사실을 깨닫자 내게서 급속히 멀어져갔다.

인정투쟁의 실패가 냉소를 부른 경우이겠으나, 그의 냉소에는
자조(自嘲) 혹은 자조(自照)의 기미조차 빈약했다. 그는 독실한
크리스천으로 이미 초월이라는 사밀한 수직의 창구(窓口)와
예수라는 유일무이한 선생을 지닌 터, 한결 손쉽고 거칠게 나를
떠날 수 있었을 법하다.

A와 B가 연인의 관계로 발전하면서 복류하던 문제들이 볼품없이,
가감 없이 노출되었다. 둘은 거의 동시에 공부를 포기했고, 급기야
A는 "사실은 K에게서 배운 것이 별로 없다"고 새롭게 떠들어대기
시작했다. 워낙 함량 미달인 B와 달리 A에게는 공부의 그릇이
있다고 판단했기에 조금 속이 쓰리긴 했지만, 20세기 말의 두께
없는 사제지정(師弟之情)은 늦고 드물게 찾아온 연정(戀情)의 힘 앞에
무력할 수밖에 없었다.

그들과 헤어진 지 5년이 지나도록 B가 욕설을 흘린다는 풍문이
떠돌았다. 나는 A가 그 욕설에 어떻게 대꾸하는지 가끔 염소똥만큼
궁금하였다. 어떻든, 이 경우의 새하얀 뼛빛 진실은 "K를 만나기
전까지 나는 아무것도 아니었어"라는 고백이 이제 세월의 침식과
더불어 나의 것도, 심지어 A의 것도 아니라는 사실뿐이다.

2. C와 D는 각기 나를 잘 따랐고, 둘 다 고재(高才)랄 수는 없었지만
성실하고 별스런 흠결(欠缺)이 없어 자기 몫은 넉넉히 하리라 여겼다.
C는 차분하고 합리적인 성품으로 달팽이 다리처럼 현실적인 꿈을
지닌 학생이었지만, D는 감정의 조울(燥鬱)이 심하고 비현실적인

야심을 지니고 있었다. 나는 D의 야심을 건드리고 벼려서 그
실체를 드러내려고 하다가, 그가 은근히 저항하는 탓에 모른 체하고
말았다. 아무튼, C와 D는 제각각 내게 충량한 학생들이었다.

이들이 동학(同學)에서 연인의 관계로 옮겨간다는 사실을 알았을
때, 나는 꼭 댕견의 꼬리만큼 당황스러웠지만, 오빠도 형도 아닌
터에 농약 먹은 쥐처럼 조용히 있었다. 곧이어 충량했던 C와 D가
합심해서, 틈틈이, 근거 없이, 내게 불량하게 굴기 시작하자 나는
산삼 먹은 다람쥐처럼 그들로부터 고속으로 달아나버렸다.

3. 수년을 감감 적조(積阻)했던 E가 불쑥 찾아왔다. 이런 재회에
나는 필요 이상으로 수동적이다. '학생'이라는 그 신화적 지위 덕에,
격조의 간극이나 그 재회의 우연성에 아무런 혐의를 둘 수 없기
때문이다. 조금 과장하자면 '학생'이 '인사차' 찾아온다는 사실은
일견 가브리엘이 여호와의 계시를 안고 인세(人世)에 하강한다는
종류의 신화적 순수성을 강요한다. 물론 나 역시 그 신화에
조응해서 순순히 수동적이 된다는 점도 조금 매섭게 지적해야
할 터.

그 격조의 휑한 간극과 수상한 방문을 얼버무려 괄호친 뒤, E는
종종 인사 전화나 편지를 건네오면서 곰살 맞게 굴었다. E는 두세
번을 더 찾아왔는데, 나는 하릴없이 '수동적'일 수밖에 없었으니,
여전히 E는 '학생'이었고, '인사차' 나를 찾아왔기 때문이다. 나는
매번 E를 먹이고, 같이 걷고, 과거를 조금 추억하다가, 그 방문의

기원을 전혀 탐색조차 하지 못한 채 돌려보냈다.

웬일로 3~4개월씩 아무 연락이 없었고, 조금 심심하던 어느 순간,
나는 예의 '수동성'을 깨고 무심히 전화를 넣어보았다. 내가 무어라
말을 건네기도 전에 E는 3~4개월 전에 사귄 애인 F의 얘기를
꺼냈다. 그리고 그것이 영영(?) 마지막이었다. 그러니 학생도 애인도
아닌 동무들이여, 어쩌겠는가? '선생은 애인의 종속변수'라는 엄연한
사실이 이 요사스러운 시대의 징후가 아니겠는가?

4. G가 편지를 보냈다. 실로 수년 만이고, 뜬금없다. 그간, 내내,
절절하게, 내가 보고 싶었다고 썼다. 물론, 아직 까끄라기를 채
없애지 못한 분홍색 거짓말이다. 그런데 말미에 수상한 단서가 하나
붙었다. 그녀의 가까운 친구 H도 나를 몹시 만나고 싶어하기에 이번
기회에 동행하고 싶단다.

패턴지(pattern-智)가 환상이 만드는 물매의 멀미와 현기증을 매섭게
조절하는 것은 과연 행운일까? 내면조차 외면의 일부에 불과하다는
조감도적 깨침은 과연 행운일까? 너의 알뜰한 실존조차 진부한
유형(類型)의 포장에 불과하다는 폭로는 과연 행운일까?

반복되는 G-H들의 경험은 이윽고 참혹한 유형을 낳았다:

1) 나와의 인연은 아무래도 '공부'가 매개인데, 워낙 공부에
별무관심이었던 G는 졸업 후 태평양 속의 일점 오징어처럼 내

시야에서 사라졌다.

2) G는 H라는 애인/친구를 사귄다.

3) (불행하게도) H는 나의 오랜 애독자.

4) G는 내게서 배웠다는 점을 H에게 은근히 강조한다.

5) 급기야 H는 나를 만나기 위해 G에게 중개를 요청하고, G는 생애 처음으로, 느닷없이, 그리고 진심으로 내가 보고 싶어진다.

5. 학생의 애인(배우자)이 나를 싫어하거나 비교적 적극적으로 비난할 경우, 그 이유 역시 대체로 유형화된다. 대개 유형은 모종의 구조적 반복에서 생성되는 법이고, 이 반복을 교란시키는 실존적 창의나 여유, 또는 화해(和諧)가 없을 경우 화근(禍根)은 길게 남는다. 물외한인(物外閒人)이 아닌 한 관계구조적 반복의 설화(舌禍)를 피할 수 없을 터, 아, 더불어 살려는 자, 오직 현-명(賢-明)을 등불로 삼으시라.

요컨대, 어느 인류학자의 말처럼 개인은 관계를 통해서 말하고, 학생은 그 애인(가족)이라는 구조를 통해서 말한다.

L은 현직 전도사였고, 구일신일일신(苟日新日日新)하는 학재(學才)는 아니었지만 성실하고 원만한 성품으로 내 곁을 격의 없이 기웃거리는 타입이었다. 그 역시 졸업과 더불어 '원만하게' 내 곁을 떠날 수 있었을 테고, 어리석음이 덜했고 인연이 질겼으면 여태도 교학상장의 교류가 지속되었을 것이다. 그러나 그의 약혼녀인 M의 등장과 더불어 모든 것은 한순간에 돌이킬 수 없는 지경으로

추락하고 말았다.

18년 전의 어느 날, 스터디 모임을 끝낸 후 학교 앞 다방에서
L이 낀 네다섯 명의 학생과 차담(茶談)을 나누던 중, 둘 사이에
약속이 있었는지 불쑥 M이 찾아왔다. 나는 예나 지금이나 학생의
애인(배우자)이 몹시 조심스러워 조신(操身)하다 못해 급기야
조식(調息)까지 하고 있는데, M이 L을 곁에 두고서도 초면의 내게
내내 무례하게 구는 것이 성가시고 볼썽사나웠다. 30분가량을
동석하면서 M은 말끝마다 인신공격성의 암기(暗技)를 날렸는데,
단지 학생의 약혼녀로 생판 초면이니 나는 어색한 미소만을 흘리며
애써 대응을 자제할 수밖에 없었다.

사실상 사소한 사건이었지만, 의외로 상처는 깊어, 이후 나는 학생과
그 애인(배우자)을 한자리에서 만나지 않도록 단속하는 버릇을
얻게 된다. 홀로 충량하던 학생이 제 애인과 더불어 일심동체로
나를 (은근히/일없이) 비난하는 일을 겪을 때마다 '지옥의 앞길은
선의(善意)로 포장되어 있다'는 '마(m)'氏의 말을 씁쓸하게 떠올리곤
한다. 군사부일체(君師父一體)나 일심동체(一心同體)는 모두 '알'氏의
말처럼 낡디낡은 이데올로기적 장치이지만, 그 이데올로기의
경도(經度)에도 헤게모니의 위도(緯度)가 엄연한 것.

나는 이 진부한 사건(들)을 여기에 세세히―개인의 선의가 관계의
구조에 의해서 어떻게 왜곡되는지―분석할 생각은 없다. '실존의
인연조차 한갓 유형의 고리'로 변질하는 슬픔을 새삼 되새기면서,

더불어 살려는 자, 오직 현-명(賢-明)을 등불로 삼으시라는 고언을
힘 있게 반복하고 싶을 뿐.

6. 스터디 그룹의 학생들 중 특별히 영리하고 단화(端華)했던 N이
자신의 애인이라면서 내게 O를 소개했다. 그런데 치과 의사라는
O는 (이빨의 상태를 제외하곤) 아무래도 내 눈에 크게 실망스러웠다.
나는 호오(好惡)가 분명하고 때로 직정적이라, 장래를 헤아리지 못한
채 무심코 O를 폄훼하는 말을 흘리고 말았다. 내 무의식중에 N이
O와 결별하기를 원하는 심사가 기동했겠지만, 결국 N은 O가 아니라
나와 결별하고 말았다.

7. P는 한 학기에 한 번쯤 내게 장문의 편지를 보내곤 했는데, 주로
내 강의와 그 열정을 찬양하는 내용이었다. 한지(韓紙)에 먹으로
쓴 글씨가 빽빽하던 그 편지는 몹시 고아(古雅)하고 또 그만큼
생뚱맞았던 느낌이 지금도 여전하다. P의 행태와 표정은 다소
노골적이어서 그 일련의 찬양문 사건(?)은 내 주변에서는 공공연한
비밀이었다. 그러나 역설(力說)은 역설(逆說)을 낳고, 사설(私說)이
사설(邪說)로 흐르는 일이 잦으니, 그 찬양문도 언제 어느 곳에선가
후유증을 불러올 것이었다. 졸업 후에도 P는 틈틈이 안부를 전하고,
일없이 두어 차례 찾아오기까지 했다.

P가 혼인하면서 (당연과 물론!) 연락은 두절되었다. 그런데 그
혼인식과 피로연에 참석했다는 P의 지우(知友) 하나가 훗날 내게
건네준 소식은 '학생은 없다'는 내 묵은 지론을 재삼 신산스레

되뇌게 했다.

혼인식이 파하고 늦게야 따로 회집한 신랑 신부와 그 친구들이
취흥에 겨워 객담을 주고받을 무렵, 누군가 장난스레 그 '찬양문
사건'을 들먹였다는 것이다. 그러자 P는 장두서목(獐頭犀目)의
형세로, 무슨 대단한 화단(禍端)이라도 거론되었다는 듯이, 내게 단
한 번도 편지를 보낸 적이 없다고 단엄(端嚴)하게 선언하더라는 것!

8. 알다시피, 현란한 현대철학의 배후에는 헤겔과 니체 사이의
양보 없는 대결에 기인하는 변증법적 거품이 들끓고 있다.
이글턴(T. Eagleton)의 표현으로 고치면, 그것은 '지나치게 타락한
것'과 '지나치게 근거 없는 것'이라는 상이한 언어게임들 사이의
간극 혹은 전염에 관한 얘기다. 어떻게 보면 내게 있어 학생과
그 애인은 자기동일성의 타락과 타자성의 심연이라는 두 대극적
이미지로 유형화된 셈이다. 인력(引力)이 타락이었다는 변함없이
새로운 발견과 그 충격, 그리고 척력(斥力) 역시 형적 없는 그림자에
불과했다는 새삼스러운 확인.

Q는 기이한 학생이었다. 그는 정해진 관심거리 속에서는 그 누구도
따르지 못할 집요함으로 주변의 상식적인 동학들을 놀라게 했다.
그는 늘 수첩을 휴대하면서 내가 하는 말들을 금 캐듯이 낱낱이
기록했고, 얼마 후 그 내용을 상세하고 체계적으로 정리해서 내게
보여주곤 했다. 궁연(窮研)할 거리도 못 되니 그 시간에 책이라도
한 권 더 읽으라 했건만, Q는 내 시야에서 사라지기 전까지 그

버릇을 놓지 않았다. 물론 Q의 자기동일성적 인력은 훗날 그에게도 나에게도 아무런 구원의 소식이 되지 못했다.

Q가 불미스럽게 내게서 멀어진 수개월 후, 그의 애인이 일곱 살 연상의 R이라는 소문이 돌았는데, 그 R이 야생의 멧돼지 같은 Q를 인형처럼 신통하게 잘 다룬다는 것이었다.

그런데 그 어느 날, 소문으로만 듣던 그 R이 내가 좋아하는 밤빵 한 봉지를 안고 불쑥 내 연구실로 찾아왔고, Q에게서 내 얘기를 담뿍 들었다면서 한 20분 요상한 웃음만 담뿍 흘리곤 사라졌는데, 수년 후 낙향(落鄕) 중에 들은 또 다른 소문은, 내가 그 짧은 20분 동안 연구실에서 R에게 구애를 했다는 것!

9. 모든 통속(通俗)은 일종의 신호등인데, 이 논의에서는 "질투에는 휴일이 없다"는 서양의 속담(俗談)이 푸른 신호등이라면, "자발적 독신과 생산적 권위가 맞물린 교란 현상"은 붉은 신호등이다. 노란 신호등이라도 있었더라면, 아아, 좋았을 것이다.

가령 백양사나 천은사(泉隱寺) 주변을 무엇인가 미안하고 부끄러운
듯 멈칫거리면서, 한순간 지성(知性)에 얹힌 표상보다 빠르게 몸을
움직여보면, 어떻게 좋은 글이 써지는지, 환히, 다가온다. 좋은
곳이나 물건을 공대하는 일은 관념의 골수(骨髓)를 바스라뜨려
하아얀 의욕 속으로 들어가는 노릇인데, 그제야 낮아진 글들이
손가락으로 모여 관념을 통하지 않고 지절거린다. 그것은,
사양(斜陽)의 나무를 소리 없이 만지는 심경이다.

제자와 독자

1. 돌이켜보면 독자의 이름을 달고 내게 다가선 이들이 더러 있었습니다. 일부는 강사나 젊은 교수들, 혹은 사계에 나름의 선성(先聲)을 쌓은 학인들로 '한 수 가르쳐주십사' 하는 시늉을 부리며 찾아왔지요. 하지만 어렵사리 무릎맞춤을 해보면 대체로 그들의 시늉은 실속이 없었습니다. 우선 그들은 너무 할 말이 많아, 내가 한 수 배우게 해줄 시간이 턱없이 부족했지요. 특히 짧은 시간에 많은 것을 증명하려고 기력을 탕진한 이들은 그 불모의 열정 끝에 맞닥뜨린 공허감을 내게 투사하곤 했지요. 어떤 이들은 쟁여온 말보따리를 다 풀어놓지 못해 안달을 부렸고, 어떤 이들은 긴장이 과한 탓인지 입으로 신기전(神機箭)이라도 쏘아대듯 거꾸로 격렬했고, 어떤 이들은 종작없는 소리를 펼쳐놓으면서 종시 언거번거했고, 어떤 이들은 구절양장의 개인사에 묻혀 진퇴양난의 곡경을 빗곤 했습니다.

인식은, 특히 인문(人紋)에 관한 인식은 그 자체로 초라하지요. 사람을 응접하는 슬금한 지혜를 제대로 부리지 못할 경우, 인식은 그저 젠체하는 허영이거나 맨망스러운 지다위질로 떨어집니다. 인문의 지식은 스스로를 현명하게 배치하는 실천적·화행론적

노릇 속에 근근이 자신의 생계를 이어갈 만큼 철저하게
수행적(performative)이기 때문이지요.

2. 어떤 독자들은 그 호의의 기원이나 행로가 인식욕(libidi
sciendi)과는 사뭇 달라 보이거나 최소한 일정한 거리를 둔 듯합니다.
이들은 으레 지식인의 고질이 되곤 하는 지적 허영에 덜 노출된
편이지요. 내 글이나 이론에 대한 관심도 비교적 단편적이거나
그 겉인상 속을 건정건정 바장이면서, 결국은 제 자신의 문제에
골독하는 식으로 빠지고 맙니다. 엄밀히 말하자면, 애초 이들의
관심은 나(?)에 대한 호의나 모종의 호기심에서 발동했겠지만,
그 관심을 생산적으로 접속·유통시킬 방도를 얻는 게 대체로
난감해지곤 하는 것입니다. 때론 이들의 욕망이 닭울녘의 는개처럼
애매한 탓에 나로서는 실없는 심리적 소모(消耗)에 안타깝고 답답한
채로 침묵으로 일관할 수밖에 없기도 하지요. 쓸모 있는 사귐은
적절한 의사소통의 매체를 끼고 벌어지는 법인데, 사귐의 성격이나
접속의 회로가 명확치 못할 경우에는 눈치 보기나 넘겨짚기와 같은
불모의 심리전에 휩쓸리게 되는 법이기 때문이지요. 호의는 대체로
맹목적이어서 요처는 오히려 그 호의를 생산적 호혜 속에서 신뢰의
관계로 변형시켜나갈 매체적 조건을 톺고 헤아리는 일입니다.

이 관계는 근본적으로 어긋난 터에 가능해지는 셈이라고
판단됩니다. 말하자면 무지(無智)에 도움을 청한 쾌락인 셈이지요.
그러나 혹은 그 삿(私)된 욕망을 지속시키는 것 자체가 자기목적인
탓인 점도 있고, 혹은 내 쪽에서는 방어기제처럼 수동적으로

반복되는 회피(evasion)의 탓도 있어, 바로 그 어긋남이라는 진실을 응연히 대면하거나 발설하는 게 생각보다 쉽지 않습니다. (실은 '진실한' 관계는 그 자체로 불가능한 욕망이고, 따라서 우리는 오직 그 관계만을 욕망해야 하는 것입니다.) 구태여 변별하자면 이들은 내 독자군 중에서 비교적 나이가 많은 편에 속하고, 일매지게 품평할 수 없을 만치 개인적 편차가 드러나긴 하지만 학문 자체의 내생적 가치에 대해선 부정적이거나 최소한 유보적인 태도를 보이는 편이지요. 더러 내 글과 공부길을 화제로 삼거나 필요한 대로 참고하기도 하지만, 필경 그들의 관심은 습관처럼 사적으로 흘러 일상생활 속의 이치들을 융통하거나 전유하려는 데 머뭅니다.

3. 그중 일부는 스스로를 '독자'로 포장하면서도 학적 지식에 적대감을 흘리는 자가당착을 보이기도 합니다. 이들 역시 앞서 지적한바 "호의를 생산적 호혜 속에서 신뢰의 관계로 변형시켜나갈 매체적 조건을 톺고 헤아리는 일"에 서툴거나 혹은 그 가치나 취지를 제대로 이해하지 못하는 편입니다. (물론 나 자신부터 그 취지를 구체화하는 노릇에 견결하지 못하고 미실을 자초하는 경우도 있지요.) 공부길에 나름의 알뜰한 관심이 없는 채로 사적 호의를 보이는 독자란, 결국 상호작용의 알짬인 '주고받기'의 이치를 놓치게 되고, 이를테면 연목구어(緣木求魚)하는 불모의 열정에 사로잡히는 셈입니다.

4. 불모의 열정을 품은 채 오인과 어긋남의 도움에 얹혀 호의의 선물을 들고 찾아오는 '독자'들일수록 사태는 심상치 않게 흐르기

쉽습니다. 사태는 여의치 않고 필경 그나마 남은 여줄가리 인연조차 세속의 볼모로 잡히기 일쑤입니다. '장주' 등 내가 관여하는 학술 모임/행사를 더러 소개하기도 하지만, 대체로 이들이 품은 열정을 공적으로 전용(轉用)하기는 쉽지 않습니다.

5. "선물을 바리바리 싸들고 찾아오는 '독자'"라는 표현이 얼마간 염의없어 보일 텝니다. 선물과 그 호의가 자기애의 연장이라느니 전연 타자에 이르지 못한다느니, 하는 따위의 몰풍스러운 언사를 피하고, 그저 미소를 띤 채 감사의 정의를 표하면 될 뿐일 텐데 말이지요. 그러나 내가 호의에 대해 열없게나마 세심하고 질긴 분석을 가한 것이나, 일급의 사상가들이 '선물이라는 현상'에 대해서 그같이 지랄(知辣)을 떠는 일은 사실 그리 심상한 일이 아니지요. 한편 몹시 예외적이긴 하지만, 어떤 독자들은 자신들에게 선물을 해달라고 대놓고 조르거나 혹은 은근히 부추기기도 합니다. 그 선물로 지목되는 게 별것은 아니고 대개 내 신간(新刊)이지요. 그래서 그 같은 수작은 내 신간이 화제에 오를 만한 계제나 경우를 틈타는 게 보통인데, 흥미롭게도, (내 짐작일 뿐이긴 하지만) 이들은 내 책을 통독할 가능성이 외려 희박해 보인다는 겁니다. 그간의 내 경험을 좇아 겉가량이나마 재단해보면, 내 글 자체에 관심을 지닌 이들일수록 주겠다는 책도 마다하는 편이었고, 내게서 책 선물을 원하는 이들일수록 그 관심은 책이 아니었다는 사실을 깨닫게 되었습니다.

제자(弟子)와 신자(信者)

스승을 믿을 수 없었던 가롯 유다의 경우는 제자와 신자, 그
충실성과 열정이 분기(分岐)하는 지점의 갈등을 범례적으로
보인다. 신자는 결국 자신을 믿는 사람이고 제자는 어렵사리 남을
따르려는 자이므로, 예수의 제자들 중에 가롯 유다만 일찍 스승을
팔아넘김으로써 가까스로 신자로 남을 수 있었고, 느지막이
배반한 베드로는 가톨릭교회의 주춧돌이 되었다. 제자는 타자성의
소실점을 향해 몸을 끄-을-고 다가서는 검질기고도 슬금한 노력
속에서야 가능해지는 '알면서 모른 체하기'의 의욕이자 태도인데,
이처럼 예나 지금이나 제자는 촛농의 힘에 의지한 이카로스처럼
어렵고 신자는 파리 떼처럼 번성한다.

그 충실성은 이카로스의 촛농처럼 태양에 근접할수록 물러지고,
이윽고 그 '알면서 모른 체하기'의 불안한 비상(飛翔)은
'모르면서 아는 체하기'의 신심 속으로 안착하고 만다. 그러나
'신심'(信心)이라는 내성적 중심을 지니게 된(되었다고 '생각'하는)
자는 바로 그 구심력의 환상 속으로 끝없이 되물려 들어가는
에고의 포로가 된다. 그러므로 신자들이 그 종주(宗主)의 삶과
죽음을 따르는 대신 자신의 나르시시즘을 제도화 · 실내화한

종교의 환상과 습합하게 되는 이유는 자명하다. 좋아하는 것이
돕는 것이 아니듯, (가령) 예수를 믿는 것은 그의 제자가 되는 길과
원리상 무관하며 실질적으로 별 상관이 없었다. 좋아하는 것이
아직 아무것도 아니라면 마찬가지로 믿는 것도 여태 아무것도 아닌
것이다. 지상의 그 누구도 2000년 동안 신(神)이 된 사내와 이드거니
신뢰의 동무관계를 맺을 수는 없는 법, 이제 '신자'의 파리 떼와 그
파리대왕의 틈 속에서의 유일한 가능성은 '제자'가 되는 것이지만,
제자가 현실적으로 불가능한 사태인 이유는 그것이 그 스승을 '믿지'
않은 채 그보다 앞서 '걸어가는' 공전의 희망이기 때문이다.

그렇기에 제자는 어리눅은 '충실성의 형식'을 취하고 신자는
반지빠른 '변덕의 내용'에 골독한다. 기독교, 특히 개신교의
개혁에서 탈심리화(depsychologizing)가 요긴한 것은 이처럼
분명해진다. 결국 개신교의 출발은 사제(司祭) 계급이라는 타자의
중개를 거부한 채 신자와 신 사이의 낭만적 일치라는 영웅적
개인의 심리학에서 출발했기 때문이다. 신자는 끝끝내 마음속을
영토화하지만 제자는 마음 밖에서, 혹은 마음이 없는 듯 스승과
함께 스승을 넘어 걷는다. 그는 마치 재능(지능) 없이 의욕만을 지닌
하아얀 바보처럼, 이드거니, 오직 현재 속으로 겸허하게 개입한다.

1. 내 이빨과 잇몸이 결국 하나의 '도구'였다는 사실이 빠알갛게
밝혀지는 순간, 나는 극심한 치통의 고통 속에서 이윽고 중성화의
자유(freedom of neutralization)라는 관념에 상도하였다.

2. 주체는 어떤 일련의 행운 속에서만 존재한다는 것, 그것이
내가 한 시간 동안 악착같이 내 '아가리'를 벌리고 견디면서 깨친
수확이었다.

3. 아는 대로, 사르트르는 그의 『존재와 무』(1943)에서 타자가
나를 바라볼 경우에 그 '시선' 아래에 놓이는 것은 내가 아니라
내 '신체'(corps)라고 말한다. 그러나 그 노련한 여의사의 손아귀에
매섭게 휘어잡힌 내 주둥이와 아가리, 그리고 피범벅이 된 잇몸과
이빨들은 이미 신체조차도 아니었다. 그것은 완벽한 물질로서,
차라리 주체도 객체도 아닌 'abject'(크리스테바)이거나 '실재적
실재'(지젝)의 일부라고 할 수밖에 없었다. 나는 나의 고통과 싸우고
있었고, 그 고통과 반비례하며 또렷해지는 내 주체의 골몰/몰골과
싸우고 있었고, 타자의 시선 아래 놓인 내 신체의 물화(物化)와
싸우고 있었고, 마침내는 잠시라도 그 물화를 거부하는 내 정신의

완악함과 싸우고 있었다.

4. 갖은 철물기구를 번갈아 꼬나들고 내 입속으로 사정없이
쑤셔넣어 휘젓던 백의(白衣)의 그녀는 정말 '열심'이었다. 얼굴의
반쪽이 개구리 배때기처럼 희멀겋게 부풀어 있던 그 며칠 사이, 나는
2~3초를 두고 맥동하는 치통의 리듬에 내 상상을 얹어 그 '열심'을
공상하였다. 공상은 치통의 맥놀이와 다투며 어느덧 '물질에 대한
맹목성'에 닿았다.

5. 그 새로운 '물질'은 한 팀을 이루어 그녀를 보조하던 간호사의
육체, 그 한 '부분'이었다. 그리고 그 육체의 한 부분은 내내
내 왼쪽 어깨에 밀착해 있었다. 간호사는 주로 석션(suction)을
담당했고, 백의의 그녀가 숫자화(數字化)시켜 부르던 각종의
기구들을 신속하고 차질 없이 건네주는 역할에 몰두했다. 내가
말한 '열심'은, 둘 사이에서 이루어지던 특이한 소통 방식 탓에
환기된 것이었다. 치료와 작은 수술이 이어지던 한 시간가량, 원장은
간호사를 가볍게 채근하는 듯한 성마르고 긴박한 음성을 여러 차례
내뿜기도 하였는데, 하릴없이 고통을 참고 누워 있던 나로서는
별 대단치도 않은 치료를 두고 오가던 그 긴절한 동작과 신호에
어리둥절하면서도, 내 주둥이와 잇몸과 이빨을 섞어 '양장피'라도
만들어낼 듯한 그 원장의 기세에 완전히 항복한 이면에는,
그 간호사의 육체적 '물질'에 대한 맹목의 의존이 또렷하고 처량하게
도사리고 있었다.

4장

어울림, 오래된 미래의 공부

긴 적조(積阻)를 깨고 수줍게 다가온 학생들은 시키지 않아도
'고백'을 하기 시작한다. '고백'이라는 담론의 신화적 진정성을
얹은 코드를 회복시킴으로써, 그들은, 지난 세월의 공백을 일거에
무화(無化)시킬 수 있으리라는 타성적 희망을 지니고 있는 것일까.
슬픈 일이지만, 옛 코드를 일치시키려는 공간적 은유로는 결코 지난
시간의 주름을 없애지 못한다.

그 상대가 신(神)이든 사람이든, '고백'을 은총의 도구로 활용하는
관계는 결코 자율적이지 않다. '고백'을 성사(聖事)로 격상시키는
종교도 있긴 하지만, 어떤 식이든 '고백'을 유통시킴으로써 기능하는
제도는 결국 주술신앙(Fetischglaube)과 다르지 않다.

참회는 버릇의 속도보다 늦고, 고백은 옛 관계를 회복시키지
못하며, 신념의 동어반복적 주술은 가지 끝에 열매 하나 맺게
하지 못한다. 어느 선사의 말처럼, 지난 일을 단숨에 돌이킬 수는
없다(事非頓除).

나는 그 학생들에게 '고백'을 하지 못하도록 술수를 부린다. 그래서

어떤 어휘들을 사장(死藏)시키고, 어떤 약속들을 원천적으로
무효화시키면서, 그들을 끊임없이 삶의 표면으로 내몬다.
그럴라치면 흔히 그들은 그 고백의 '진정성'을 높이려는 시도에
몰두하는데, 아쉽지만, 진정성을 높이는 것은 시간의 무늬이지
공간적 은유가 아니다.

봄날이 가는 것은 누구나 안다. 그러나 아무나 그 사실을 살아내진
못한다.

'폐허'(廢墟)를 다시 떠올린다. 수줍게 다가왔을 때에도 나는
무력했고, 거칠게 떠나갈 때에도 나는 무력하다. 내게 열광할
때에도 나는 무력했고, 내게 냉소할 때에도 나는 무력하다.

인생(人生)이 무덤을 막을 수 없듯이, 인간(人間)이 폐허를 피할 수
없다는 사실은 어쩌면 상식이지만, 나를 되돌아 곱씹는 일이 한 치
세상을 바꿀 수 없다는 무력감은 그 어떤 노을보다 슬프다. 인간의
존재 방식이 '오염'이라고 했듯이, 인간이라는 관계 방식은 여전히
'폐허'다. 그 폐허가 완벽한 계시라는 사실에 다시 무력해지고,
그 계시 이전의 '자연'이 너무나 자연스러웠다는 사실에 더욱
무력해진다.

인문은 한 치 타인을 포섭하지 못한 채 제 그림자 주위를 실없이
돈다. 볼테르의 생각과는 다르게, 지식은 심오한 방식으로 도덕을
불러오지 못하며, 선의와 계몽은 심오한 방식으로 동무를 불러오지
못한다.

'동무'는 무엇보다도 그 '폐허'를 피하는 길이었지만, 적조했던 동무

셋을 만나 맥주를 마시는 오늘, 다시 동무보다 빨리 달리는 폐허의
속도를 무력하게 바라볼 뿐.

설장거조(設張擧措)에는 사람마다 그 나름의 스타일이 있는 법이다.
나는 특히 어떤 '연민'(憐憫)에 휩쓸려 섣부르게 몸을 움직이는
경우가 잦았는데, 이 연민은 물론 내 가난의 터널이 조형해놓은
정서의 무늬와 같은 것이다. 연민은 가난에 기식하는 외상성 증후의
일종이었지만, 연민의 힘이 없었다면 나는 그 도리깨질 같은 가난을
이겨내지 못했을 것이다.

누차 밝힌 대로, 가난에 정면대응할 수 없었던 어린 내가 선택한
생존의 전술은 세 가지, 글과 종교와 운동이었다. 단박에
짐작하겠지만, 이 셋은 모두 '연민'과 사통한다. 무슨 알지 못할
복과(福果)의 덕이었는지, 가난이라는 지옥 속에서나마 나는
일찍부터 이 셋 모두에 남다른 재주를 보였다. 물론 지금의 내가
교수라는 이름 속에 학자의 삶을 살고 있는 연유는 첫째의 전술로
소급된다. 다른 전술들이 더 많은 기회를 얻었더라면, 나는 신흥
종교의 교주나 돈푼깨나 걷는 스포츠맨이 되었을는지도 모를 일.

이 연민은 나르시시즘과 지근거리에서 움직인다. 세상을 박탈당한
약자들 중 일부가 세계를 미학적으로 사유화(私有化)하거나

나르시시즘에 빠지는 경우를 흔히 볼 수 있는데, 십대의 나 역시
실존주의적 나르시스트였을 법도 하다. 사르트르의 말과 다르게,
실존주의는 휴머니즘이 아니고 오히려 나르시시즘에 가깝다.
가난의 늪을 횡단하던 나의 전략, '문자적 실존주의'는 이처럼
나르시시즘의 날개를 달고 있었던 것이다.

"훌륭한 작가의 재능이란, 그의 사고에 정신적으로 철저하게
훈련된 어떤 육체가 제공하는 연기와 그 연기의 스타일을 부여하는
일이다."[10]

'육체'라는 말은 내게도 부쩍 실감나는 것인데, 내가 졸저
『손가락으로, 손가락에서』(1998)에서 설명했듯, 글쓰기의
행정(行程)은 정신에 근육이 붙어가는 노릇이며, 관념의
멸적(滅迹)에 다름 아니기 때문이다. 벤야민은 앞의 문장에
이어, "그는 그가 생각했던 것 이상을 절대로 말하지 않는다"고
단언하는데, 이는 물론 글쓰기의 육체성을 말하는 것이다: 관념과
달리, 몸은 몸 이상도 이하도 아닌 바로 그것이기 때문이다.

말라르메는 드가에게 이렇게 말했다고 한다. "하지만 여보게, 시란
말일세, 그건 말로 쓰는 거지 생각으로 쓰는 게 아니라네."[11]

'생각 이상을 말하지 않는 일'(벤야민)과 '생각으로 쓰지 않고 말로
쓰는 일'(말라르메)은 물론 육체와 정신의 차이가 아니다. 오히려
여기서는 다른 종류의 두 가지 육체를 떠올려야 한다. 벤야민의

육체가 말을 깎아내어 만든 육체라면, 말라르메의 육체는 말을
붙여넣어 만든 육체다.

크리스마스(Christ-mas)라는 이방(異邦) 종교의 어느 신(神)을
기리는 날은 충분히 분요(紛擾)하지만, 젊은 예수가 살해되었다는
사실은 충분히 사유되지 않는다. 플라톤의 『대화편』처럼, 사도들의
『공관복음서』조차도 그 사유의 길을 애초에 저지하는 노릇에
충실했을 뿐이다. 그 사유의 길은 전승되지도, 교시(敎示)되지도
않는다. 기울기를 얻어 치닫는 사유를 막는 것은 언제나 다른
종류의 사유(頑思)인데, 이 사유의 알리바이들이 사유를
차단시킨다. 예수의 죽음/(그러므로 삶)을 철저하게 사유했던
이단아들은 제 스스로의 변명을 가슴에 묻은 채, 어제도 오늘처럼
역사 속으로 묻혀갔을 뿐이다.

12월 24일, 빠알갛게 북적거리는 도심을 지나면서 그 핏빛 죽음을
떠올린다. 2000년 전 짧게 살고 비참하게 죽었다던 예수라는 이름의
젊은이를, 여름 신새벽의 유성과 같은 속도로 떠올린다. 메타포에
능했으면서도 진리를 답하지 않았다던 서른세 살 젊은이의 죽음을
누구보다 빠르게 떠올려본다.

내 학생들 중 다수는 정통(!) 기독교인들이다. (그런데도) 그들 중
일부는 굳이 나를 '선생'이라고 부른다.

대학이라는 제도권 속에서 관례가 된 '교수'라는 호칭 대신
'선생'이라고 부르는 행위 속에는 제 나름의 선택적 가치판단이 스며
있을 법도 하다. (혹자들은 '교수'를 호칭으로 쓸 수 없다고 하지만, 언어는
무엇보다도 언어 현실이니 현실을 무시한 용법을 고집하는 일도 별무소용.)
물론 별스런 가치판단의 선택적 행위 없이, 우연히, 사소하게,
떠밀려서, 혹은 습관적으로 '선생'이라고 부를 수도 있다. 따라서
'교수'와 '선생'이라는 두 호칭 사이를 가르는 원칙이나 가치평가는
상대적이거나 자의적일 수 있다.

그러나 '우리 삶에는 삶을 유지할 수 있을 정도의 전형성이 있다'는
밀(J.S. Mill)의 말처럼, 경험이 축적되면서 '교수'와 '선생'이라는 두
호칭 사이를 변별하는 이치 속에는 결코 흐릿하지 않은 전형성이
작동하고 있음을 알게 된다. (여담이지만, 흔히 말하는 '지혜'란 이
같은 전형성이 들고 나는 이치에 밝은 눈을 가리키는 것.) 장마로써
사청(詐晴)까지 설명할 수 없듯이, 개인의 골과 마루를 전형 속에

구겨넣을 수 없는 법이니, 이 글도 그저 패턴지(知)에 속하는 느슨한 소감일 뿐이다.

다행히도 이러한 전형성의 이해에 도움이 되는 사례도 적지 않다. 특히 나를 '교수'라고 부르던 학생이 어느 순간 '선생'으로 개칭(改稱)하는 현상 속에 연루된 이치는 대개 몇 가지 유형으로 갈래지을 수 있는데, 이 유형화의 뜻을 낱낱이 헤아려보면 '교수'와 '선생'이라는 두 호칭 사이를 변별하는 심리적, 사회적, 정치적, 종교적 이치도 마찬가지로 유형화되었으리라는 짐작이다. 물론 매사에 그런 면이 없지 않듯이, '교수'라고 부르던 학생이, 어느 순간, 정신없이, 생각 없이, 판단 없이, 원칙 없이, 별 이치의 결절 없이, '선생'이라고 고쳐 부를 수도 있겠지만, 이들을 예외로 치지도외해도 이 논의의 흐름을 꺾지는 못한다.

그리고 극히 드물긴 하지만, 거꾸로 그간 '선생'이라고 부르던 학생이 '교수'라고 개칭하는 현상(의 속내와 그 배경) 역시 이 논의의 논지를 이해하는 데 매우 유용한 데이터를 제공한다. 이와 더불어, 기분이나 사정이나 경우에 따라서 '선생'이나 '교수'라는 호칭을 병용(竝用)하는 희귀한 학생들도 있는데, 이들의 유형화된 행태 역시 매우 좋은 방증감이다.

그러나 내 관심은, 기독교인이라는 자기정체성의 중핵이 이 논의 속에 개입하거나 습합되는 방식이다. 종교의 속성과 그 오랜 행태에서 쉽게 짐작할 수 있듯이, 기독교를 신봉하고 있는 학생들의

경우, 종교적 제도와 의식을 통해 유형화된 고백의 내용들이
노른자위처럼 그들의 정체성을 깊숙이 채우고 있을 뿐 아니라
심지어 '육체화'(in-corporation)된다. 제도와 기질, 그리고 사회화된
성향이 이른바 '이중의 길들이기'를 통해서 자기정체성과 연루하는
사정을 알기 위해서 부르디외(P. Bourdieu)나 고진(柄谷行人) 등을
들먹일 필요도 없다.

요컨대, 신(神)의 마음속으로부터 연역한 제도가 기독교였던 것이
아니라 기독교라는 제도와 의식(儀式) 속에서 생성된 신앙양심의
집체가 그 신을 형성하고 유지하는 것이다. 따라서 '신앙양심'이라는
모호한 이름으로 불리곤 하는 종교적 자기정체성은 (알튀세르의
말처럼) 급기야 신성화한 이데올로기적 제도들이 지속적인
호명(呼名)을 통해 만들어낸 주물(鑄物)들로서, 명사(名詞)의 종교가
아니라 부사(副詞)의 종교를 꿈꾸는 이들이라면 마땅히 그 속에
개입, 기동하는 허위의식에 유의해야 한다. 어쨌든 이 글은 윤리적
평가를 배제한 기술적(記述的) 분석에 불과하지만, 말하자면,
신앙양심은 생각보다 그리 양심적인 것이 아니다.

'선생'이라는 호칭의 뜻을 제 나름대로 해석, 설파하면서 아예 수업
첫 시간에 자신을 '선생'이라고 부르도록 다짐을 두는 교수들도
더러 보았다. 하지만 이 문제(아닌 문제)와 관련해서 내 생각을
피력해본 적도 없으며, 성격상 나는 학생들이 나를 '아저씨'나
'형'이라고 부른대도 괘념치 않을 사람이다. 더구나 수년 전 이런저런
계기를 맞아 나를 '선생'이라고 부르지 말 것을 두어 차례 공적으로

권면하기도 했던 터다. 하지만 성인인 학생들에게 매사 임의로
강권할 수 없는 노릇이고, 또 그들이 '교수'라는 이름을 두고 굳이
'선생'을 택한 일에 내가 왈가왈부할 것이 아니므로 그간 잡박스러운
느낌을 죽이고 모른 체했을 뿐이었다.

문제(도 아니지만)는, 내 주변 학생들 중 적지 않은 수가 나를
'선생'이라고 부르고, 또 비교적 나와 가까운 학생들은 대다수가
나를 '선생'이라고 부르는데, 또 그중 적지 않은 수가 기독교인이라는
사실, 바로 이 사실 속에 은근히 은폐되어 있다. 이 글은 이
사실을 잠시 궁리한 탓에 생긴 것으로, 결국 호명관계의 심리학,
정치학, 그리고 종교학에 대한 간략한 사례 분석인 셈이다. 그리고
이 기술적 분석에서 내 관심은 전술했듯이 "기독교인이라는
자기정체성의 중핵이 이 호명관계 속에 개입하거나 습합되는
방식"이니, 가령 나는 복합적 문화 습합(acculturation)의 과정 속에
방치된 자식들의 자기정체성을 근심하는 부모의 심정으로 이 문제에
접근했던 터다.

복류하던 이 문제성의 단초가 극적으로 돌출하는 경우가 생긴다.
이를테면 사회적 페르소나(persona)와 표면적 미봉 상태를
이루어오던 자기정체성이 어느 순간 그 긴장의 평형 상태를
깨고 심리적 진실을 발설하게 되는 것이다. 예컨대 '선생'이라고
부르면서 각별한 정의(情誼)로 나를 따르던 학생 중 몇몇은 (그
어느 위기의 순간) 정색을 하면서, "내게 유일한 참선생은 예수"라고
자기정체성의 속알갱이를 엄숙히 선언하는 일이 생긴다. 수업

중에 듣기에는 뜨악한 노릇이지만 그들로서는 당연한 얘기이고,
나 역시 태곳적부터 익숙한 얘기다. 다만 나는 홉스(T. Hobbes)나
포이어바흐의 말을 곡진하게 인용하면서 '공부'와 '경배'가 놓인
다른 층위와 문법을 설명해주긴 한다. 물론 대개는 별무소용이다.
이 충량한 학생−기독교인들은 '선언'하는 일이 여의치 않으면
'고백'이라도 할 것이며, '고백'이 어려우면 스스로 '다짐'이라도 할
것이다. 급기야는 필요에 따라 '순교'라도 할지 모르니, 실로
두려운 일.

나를 만나면서 모종의 감격/충격을 느꼈다는 학생 중 몇몇은 내게
장문(長文)의 편지로 그 느낌의 일단을 '고백'하기도 했는데, 그
고백의 내용 가운데 극히 흥미로운 것은 "선생님은 예수님께서 제게
보내주신 유일한 선생님"이라는 취지의 이색적인 주장(?)이었다.
짐작건대 이들 역시 필경 예수만을 유일무이한 참선생으로 여길 터,
이로써 결국 나는 "예수라는 유일무이한 참선생이 이들에게 보내준
유일무이한 (가짜?) 선생"이라는, 전혀 예상치 못한 계보(系譜)에
본의 아니게 편입되는 셈이다. 의당 일개의 인간을 신과 비교할
수 없으니, 형식논리적으로는 별 혼동이 없겠지만, 이른바
'술어적 사고'(predicate thinking)에서 결코 자유롭지 못한 우리의
유아적 심리에 유의한다면, 이 학생들의 종교적 자기정체성이
'선생−학생'이라는 세속적 호명관계 속에서 작동하고 있는 방식이
몹시 궁금하지 않을 수 없다.

호명관계가 무엇보다도 권력관계라는 사정은 필시 신석기인들조차

느꼈을 법하다. 그러나 아렌트의 분석처럼 권력(power)은 권위(authority)와 일치하지 않으며, 대개는 호명 역시 권위의 실상과 조응하지 못한다. 내가 수년 전부터 이른바 '생산적 권위론'을 드문드문 건드려본 것도 권위와 권력이 바람처럼 융통되고, 그 바람이 호명의 구각(舊殼)에 구멍을 내는 모습을 이미지화해본 탓이다. 말은 말에만 의탁한다는 주장에도 과장이 있긴 하겠지만, 호칭을 단순히 관계의 반영으로 여기는 짓은 공부의 문턱에도 닿지 못한 태도다. 호칭은 그 관계의 심리적, 정치적, 사회적 조형과 습합에 매우 적극적으로 관여하기 때문이다.

이 글은 나를 '교수'가 아니라 '선생'이라고 부르는 일부 크리스천-학생들의 자기정체성, 그 중층적 습합이나 삼투의 과정을 조금 근심스럽게 헤아려본 것뿐이다. 전술했듯이 내 호기심 혹은 근심은 아무 대단한 것이 아니다. 내 근심에 내보일 만한 질량이 있는지는 이 학생들이 새삼 따져볼 일이지만, 나로서는 다만 이 질량의 성분을 내 마음대로 분석할 수 없는 사정을 아쉽게 여길 뿐이다.

가난(14)

"살아남기 위해 시인은 자신의 부친(父親)을 결정적 기만행위에
의해서 잘못 해석하고 재서술해야 한다."(해롤드 블룸)

프랭클(V.E. Frankl)의 말처럼 에로틱은 메타-에로틱(meta-
erotic)이고, 만하임의 말처럼 이데올로기는 메타-이데올로기(meta-
ideology)이며, 노직(R. Nozick)의 말처럼 유토피아 역시
메타-유토피아(meta-utopia)라면, 내게 가난은 '메타-가난'(meta-
poverty)이었으리라.

가난이 가난일 뿐이었다면, 나 역시 진작 12월 초의 낙엽처럼
바스라졌거나 괴물의 신세를 면치 못했을 것이다. 나는 기이할
정도로 유년기의 기억을 거의 소실하고 말았는데, 심지어
초등학교 1학년부터 고등학교 3학년까지, 학번은 물론이고 몇
반(班)이었는지조차 아무런 기억이 없다. 유일하게 기억하는
번호라곤 핸드볼 선수 시절의 내 배번(背番)뿐이다. 물론 이것은
유년기의 외상(外傷)을 회피하려는 끈질긴 방어기제다. 내가
파편으로 분열되거나 상처로 응축되지 않으려는 본능적인 몸부림의
자기최면인 것이다. 현재에 골몰하고, 미래를 앞서 초대해야만

살아날 수 있는 최면술. 가령 내가 수많은 독서의 내용을 깨끗이
기억하는 것과 실로 의이(疑異)할 만한 대조.

나는 필요할 때마다 '환상의 집'이나 '관념의 코쿤'을 임의로
뒤집어쓰며 가난의 맨살을 외면했을 것이다. 종종 얘기했던 신(神)과
스포츠와 글쓰기도 그 환상과 관념의 직물을 짜기 위한 메타화였을
것이다. "살아남기 위해 (나는) 내 가난을 결정적 기만행위에 의해서
잘못 해석하고 재서술"했을 것이다.

은원불망(恩怨不忘)

생각해보라. 사람들이 자신을 좋아한다는 생각의 막(膜)을 오롯이
뒤집어쓴 채 살던 것이 불과 어제처럼 가깝지 않은가? 그러나
어른이 된다는 것은, 세상이 나의 호오(好惡)와 무관/무정하게
굴러다니는 덩어리라는 사실 속에 하루살이처럼 묻히는 것이
아니던가? 사람들이 자신에게 기대보다 무관심하다는 사실을
밀물처럼 조용하면서도 빠르게 깨닫는 일이 아니던가?

무관심이 구조적으로 관심의 흉내를 내는 것으로써 우리의
자본주의는 제 몫을 다한다. 인정(人情)은 유월의 두부처럼
빨리 상하고, 선의(善意)는 휘파람처럼 지나간다. 그나마 선량한
소수가 내보이는 관심은 대체로 적절하지 않다; 흔히 나팔꽃의
줄기처럼 과잉되거나 선인장의 절제처럼 과소에 머문다. 그
같은 관심은 사후에 자의로 정당화(justification)되지만, 대체로
정당(legitimate)하지 않다.

그래서 세속을 아는 것은, 내 생각의 막에서 벗어나 타자들의
아득함을 체험하는 일이다. 의도가 몸을 비껴가고, 선의가 지옥을
불러오는 체험들 속에 세속의 본질이 있는 것이다. 그런 식으로,

계몽의 명암을 동시에 접하면서, 우리는 차츰 악의(惡意)를 느끼고
이해하고 소화하게 된다. 호의의 스크린을 걷고 악의를 체감하는
일은 본질적으로 슬픈 노릇이다. 그러나 마치 우리가 성욕에
직면하는 과정을 통해 성숙해가듯이, 악의라는 낯선 타자들을
만나면서 조금씩 커가는 것도 사실이다. 그러므로 어른이 된다는
것은 악의라는 힘과 그 메커니즘에 대해 제 나름의 의식과 태도를
지닌다는 뜻이며, 거꾸로 선의에 대한 일관된 원칙을 지닌다는
뜻이다. 내가 오랫동안 말해온 은원불망(恩怨不忘)이란 바로 이
태도와 원칙을 얘기한다.

"나는 얼굴을 붉히고 상사화가 스스로의 꽃대를 말려 죽인 이유를
사람의 말로 중얼거려보았다."(송재학, 「얼굴을 붉히다」)

나는 완벽하지 못한 삶의 한가운데에서, 일찍 죽지 못해 더욱
완벽하지 못한 채, 진즉에 죽어 꽃으로 바람으로 흩어진 내
스승들을 하염없이 돌아보았다. 그 사이, 그 모든 인생은 이유 없는
질문으로 절름거리며 바보처럼, 달콤하게 서 있다.

실로 '한발 늦음'은 그 모든 인생의 비운이다. 한발이 앞서면서
인생은 비의(秘意) 속에, 현명함에 잠기지만, 그러나 그 비의 속에
묻혀간 스승들은 다시 돌아오지 않는다.

절망
주물(鑄物)하는 형식에의 마조히즘

마른하늘에 절망이 악마처럼 떨어지는 것을 본다. 천 가지 이론이
말해주지 못하는 진실은, 인간이 세속이라는 것이고, 세속은
완벽한 절망이라는 것이다.

누구도, 이 세속의 절망을 증명하지 못한다. 호의(好意)의 총체가
신탁처럼 이루어내는 지옥을 보는 눈으로만, 그 절망이 세속의
원환(圓環)을 이루는 것을 안다. 천 가지의 이론으로도 한 사람을
설득하지 못한다는 진실보다 더한 진실이 없는 곳, 바로 그곳이
세속이다. 세속은 지각(知覺)되지 않는다. 그것은, 지각이 비껴나
앉는 어느 시공간을 통해서 당신의 존재를 내리누르는 무게로만
다가온다. 그래서 그것은 근원적인 정신병이다.

친구들이, 가족들이 미소를 지으며 하나하나씩 악마로 변해간다.
까치수영꽃처럼, 작은 미소들로 이루어진 하아얀 악마의 입술이
우리의 세속이다. 이것은, 소통 가능성에 대한 절망이 아니라
오해와 오인들로 구성된 관계가 이토록 완벽한 체계를 이룰
수 있다는 허탈이다. 지각(知覺)의 끝에서 허방으로 한발 내밀
때 얻어지는 지혜는, 바로 그 지혜와 더불어 이 절망의 세속이

완성된다는 끔찍함이다.

세속처럼, 절망도 오해와 상처의 증상들만 발신할 뿐, 그 총체가
지각되지 않는다. 실은, 세속 속에서 지각되는 것은 생각처럼
많지 않다. 세속의 절망이란, 어떤 '전체'와 마주하고 있는 존재의
울림 혹은 아픔과 같은 것이다. 그러나 불행/다행하게도, 인간의
현상은 절망을 부인할 수 있을 만치 충분히 다양하다. 그리고 그
현상의 파노라마 속에서 일희일비하는 모든 인간은 쉼 없이 희망을
잃지 않는다. '인간만이 희망'이라는 절망의 표현은 그런 식으로
재생산되는 것이다. 그러나 '희망은 적(敵)'(니체)이라 해도, 그 적과
동침할 수밖에 없는 사정 또한 우리의 세속이다.

가령 영화 「미션」이 일깨운 감동의 한 가닥은 검은 사제복(司祭服)의
검소한 무게처럼 분명했던 순명(順命)의 미학, 이글거리는 영혼을
주물(鑄物)하는 형식에의 마조히즘이 아니었을까? '알면서 모르는
체하기'의 완벽한 무의식적 물질성, 혹은 이데올로기의 형식으로
이데올로기를 투탈(透脫)하는 쾌락이 아닐까?

우리는 여태 평등하지 못해 불행했던 것일까? 21세기의 권태는
(비)민주적 인습과 평온한 관료주의 탓일까? 아니면…… 그것이
아니라면, 오히려 우리의 문제는 순명과 복종의 테제를 너무나
안이하게 극복해버린 데에 있는 게 아닐까? 우리는 그 '놈' 탓으로
적게 먹어 불행했던 것일까, 아니면 많이 대접해주고픈 '님'의 부재로
더 불행하였던 것일까?

평등과 민주, 자유와 공정의 이데올로기적 임계 가치를 그 누가
부인할 수 있을까? 그러나 낮은 자리의 생활 속에서 평등과
민주가 정녕 자연스러운 규율일까? 뒷담에 몰래 갈겨쓰던 '민주여!
평등이여!'라던 쾌락이 과연 이렇게 오그라들어도 좋은 것일까?
오히려 그것들은 자연스럽지 않았기에 그토록 많은 피의 대가를

요구했던 것이 아닐까?

문명의 투쟁이 이룩한 풍경의 뒤안길로 도래할 '억압된 것의 회귀'는 이제 누구의 쾌락이 되어야 할까? 오만한 헤겔, 구린내 나는 니체나 칼라일로 소급하지 않더라도 지배와 복종은 여전히 유효한 존재의 범주이지 않을까? 자유와 평등이 지배와 복종을 극복한 게 아니라, 인류가 성취한 자유와 평등이 이제야 진정한 지배와 복종의 문제를 새롭게 건져올린 게 아닐까?

덫에 걸리지 않고도, 이 무서운 진실을 이론의 교과서에 기재할 방도가 있을까?

우리 시대의 세속에서 '예쁜' 여자의 본질[12]은 무엇일까? 우선
그것은 자기 자신을 예쁘다고 '생각'하는 여자를 말한다. (만약
스스로 예쁘다고 '생각'하지 않고, 타인들의 우연한 평가를 그저 무심히
들을 수 있다면, 그녀는 안에서 예쁜 공주가 아니라 '밖에서' 예쁜 미인일
수 있을 것이다.) 여하튼 그녀가 현명하다면, 이 '생각'에서 벗어난
듯이 살아갈 수 있으리라. 그러나 이 생각의 부재 그 자체가 그녀의
슬기로움을 보장하지는 않는다. 그러므로 능력이 없는 남자에게는
아픈 사실이고, 매력이 없는 남자에게는 슬픈 사실이지만, 결국
우리 시대의 예쁜 여자란 '비용이 높은' 여자를 가리키게 된다.
물론 그 비용은 객관적인 게 아니다. 전술했듯이 '예쁜 여자'의
핵은 스스로를 예쁘다고 '생각'하는 여자이기 때문이다. 그러므로
그와 관련되는 비용은 결국 '예쁨'의 비용이 아니라 '생각'의 비용인
셈이다. 어리석은 자의 특징은 자기 '생각'의 비용을 치르느라고
인생을 허비하는 것인데, 예나 지금이나 공부의 요결은 공부의
무게로써 자기 생각을 가라앉히는 데 있다. 비트겐슈타인 식으로
말하자면, '예쁘다고 생각하는 것은 예쁜 것이 아니'고, 하버마스를
빌려 말하자면, 예쁨조차 '상호 주관적 타당성'의 수행적 재구성
과정에 의한 임시적인 합의일 뿐이지만, 갑순이는 여전히 자기 '생각'

속에서 자신이 예쁘다고 믿고, 갑돌이는 그 갑순이가 예쁘다고
'생각'한다.

어느 예쁜 여자와 꽤 이상하게 생긴 남자가 팔짱을 낀 채 다정하게
네 곁을 지나간다고 네가 '생각'한다면, 너는 필경 '무능력의 아픔'에
시달리고 있는 게다. 가령 하루에 백만 원 이상을 뿌릴 수 있는
남자라면, 그 예쁜 여자를 아까워함으로써 그 남자의 겉모습을 필요
이상으로 이상하게 볼 필요가 없겠기 때문이다. 왜 예쁜 여자들은
한결같이 내게 관심이 없을까, 라고 네가 '생각'한다면, 너는 필시
'매력의 콤플렉스'에 빠져 있는 게다. 오히려 매력이 중요하지 않은 게
바로 자본주의라는 사실을 너는 이 기회를 통해 깨단해야 한다.
자본주의적 세속에서, 남자들과 더불어 타락한 예쁜 여자들의
관심은 매력이 아니다. 그 관심의 알속은 '생각'이며, 그리고 그
생각을 포획해줄 수 있는 능력이다. 매력은 권력의 비대칭적
상관물일 뿐이다. 매력과 권력이 일치하지 않는 세상이 곧
세속이다. (달리 말하면, 돈을 쥔 자는 꿈을 꾸지 않고, 돈이 없는
자는 그 부재의 진공 속을 꿈으로 채운다.) 매력과 권력이 일치하던
것은 부족적, 주술적, 그리고 전근대적 통합의 시절이었다.
그것은 근본적으로 '불행한 일치'였는데, 근대란 마르크스나 베버
이후에 일반화된 논의처럼 '행복해 보이는 분열'에 다름 아니기
때문이다. 요컨대, 세속은 그 일치 속에서도 분열 속에서도 행복은
불가능하다는 체감인 것이다. '예쁜 여자'의 존재는 이 불가능의
체감을 자기동력으로 삼는 생활양식을 가리킨다. 그것은 깨어진
권력의 꿈을 향해 나아가는 불가능한 순행(巡行)이다. 그것은 권력의

사생아로서, 스스로의 비용을 극대화함으로써 깨어진 권력과의
일치를 관념론적으로 완성한다.

대개의 '생각'은 공부의 결실이 아니다. 그것은 공부의 부재 속을
공부보다 빠르게 삼투하는 통속의 상식이다. 마찬가지로 '예쁜
여자'는 '자기-생각'의 막(膜) 속에서 우아하게 운신하며 그 모든
타자를 배제한 채 머지않아 권력을 집어삼킬 나비의 꿈으로
살아가는 코쿠너다. 그리고 그 코쿠너의 불안한 나르시시즘에
감전(感電)되듯 움찔거리며 동조하는 것은 아무런 권력 없이
'예쁜 여자'를 탐하는 남자가 치러야 하는 고래의 비용이다.

셋

셋(3)은 내게 죽음의 수(數), 바람 같은 진실이 장성(長城) 같은
관계를 죽이는 숫자다. 진실이 흘깃 드러난다는 점에서 마냥
부정적이지 않지만, 그로 인해 관계와 그 진실의 적대적 공생이라는
세속의 이물스러움을 다시 체감하는 것은 내내 슬픈 노릇이다. 셋은
욕망과 권력의 원형(原型)을 보인다는 점에서 아프고, 그 아픔을
알면서도 근절할 수 없다는 점에서 슬프다.

둘(2) 사이의 관계는 원근법이 생기지 않는다는 점에서 전형적인
'풍경'이다. 물론 '시간이 흐르면 속마음을 알게 된다'(日久見人心)는
격언처럼, 관계가 시간 속에 익어가면서 원근법적 양감(量感)을
얻고 마침내 단순한 풍경을 넘어선 지기지우(知己之友)의 깊이에
이를 수도 있을 것이다. 그러나 원근법적 외상(外傷)의 진실을
깨닫하게 되는 순간은 역시 둘(2) 사이에 개입하는 제3(+1)의
인물을 통해서다. 제3항을 통해서야 비로소 제2항의 은폐된 진실을
깨닫한다. 그러므로 '그대(2)'는 아직 우리 관계의 진실이 아니다.
내 앞에서 내게 호의와 호감을 보인 많은 이는 풍경의 점묘(點描)
속에 잠겨 있었다. 그러나 제3자가 개입하면서 풍경은 역사가 되고,
고백은 엄연한 관계의 구조 위에서 증발한다. 가령 프로이트는
「쾌락원칙을 넘어서」라는 글에서 이렇게 말한다. "예컨대 어떤

사람은 시간이 얼마 지나면 자신이 은혜를 베푼 상대에게 분노 속에
버림받는다. 따라서 이 사람은 배은망덕의 온갖 쓰라림을 맛보는
운명을 타고난 것처럼 보인다." 은혜의 표피를 뚫고 사랑니처럼
솟아오르는 그 운명은 3이다.

하나(1)는 무지이며, 둘(2)은 거짓(동일시)이고, 셋은 죽음(진실)이다.
그리고 넷(4) 이상은 다시 하나(1)로 돌아간다. 그것이 '세속'이다.

여자만의 충실성

"루이스 브라이언트는 결코 공산주의자가 아니다. 그녀는 그저 공산주의자와 잠을 잤을 뿐이다."(에마 골드만)

여자와의 사적 친분을 공적 목적으로 전용(轉用)하려는 남자가 치러야 하는 비용은 의외로 잘 알려져 있지 않다. 그 중요한 이유는, 정분(情分)을 나눈 여자가 그 남자를 위해 잠시 발휘하는 그 초인적 충실성의 풍경 때문이다. (예컨대 짐멜도 나 못지않게 바로 이 '충실성'에 꽤 감명을 받았던 모양인데) 남자들의 착각은 주로 그 충실성의 성격에 기인한다. 잘라 말하자면, 남자들은 여자들의 그 충실성에 아무런 '성격'이 없다고 믿는 것이다. 그러나 그 충실성에는 묘한 성격이 오징어 먹물처럼 집요하게 배어 있는데, 때로 그것은 치명적인 비용을 요구한다.

일본 영화 「숨겨진 검」(隱し劍, 2004)의 주 무대인 어느 몰락한 사무라이의 집안에는 두 명의 하인이 등장한다. 하나는 늙은 남자고 다른 하나는 결국 그 사무라이의 아내가 되는 젊은 여자다. 두 하인은 제 나름으로 '충실'하지만, 그 성격과 형식은 사뭇 다르다. 두 하인을 구별해주는 가장 분명한 차이는 말인데, 시종

말이 없는 늙은 남자는 그 불언(不言) 속에서 그 존재와 기능이
일치하는 무의식으로 움직인다. 그러나 말이 많은 젊은 여자는 그
다언(多言)으로써 자신의 충실성에 의식의 주름을 새겨넣는다.

여자의 잠정적인 충실성(실은 모든 여자의 충실성은 영영 잠정적인데,
여자가 사랑할 수 있는 것은 결코 그녀의 남자 애인이 아니다)은 비록
'잠정적이나마' 남자의 눈을 멀게 할 수 있을 만치 메시아적이지만,
마치 그 모든 메시아가 결코 도래하지 않음으로써 오히려
임재(Παρουσια)하듯이, 그 충실의 실체는 그 누구에게도
분명해지지 않는다.

에마 골드만 같은 여자들은 그 가현(假現)을 한눈에 적시하기도
하지만, 공산주의자인 애인과 잠을 잔 여자는 실로 공산주의자처럼
보인다. 아니, 문제는 그 남자보다 더 공산주의자적이라는 데
있는데, 여자들의 놀라운 충실함과 그 극단성은 오히려 이념이
없기('여자에게는 조국/초자아가 없다') 때문에 가능해지는 것이다.

그렇기에, 그 누구의 말처럼 "사랑을 받는 것은 지상에서 가장
위험한 짓"일 수밖에 없다.

'가면'과 페르소나

페르소나가 도덕적 주체라고 한다면, 가면-쓰기는 윤리적 주체의
형식이다. 물론 나는 후자를 일러 '연극적 실천'이라고도 했다.
앞의 것을 신경증적 주체라고 부를 수 있다면 뒤의 것의 성격은
다분히 도착적(倒錯的)이다. 혹은 앞의 것을 증상을 미봉(彌縫)하는
사회제도적 타협의 공식이라고 한다면, 뒤의 것은 증상을 스스로
발명해내거나 자발적으로 살아내는 일에 가까울 것이다.

페르소나(persona)는 대타자(들)의 질서에 응하는 가운데 사회적
상징계 속에 배치되는 좌표를 가리킨다. 기표로서의 언어를 상징적
배치와 그 차이의 질서로 보던 것처럼, 그런 뜻에서 페르소나도
사회적 기표인 셈이다. 물론 기표로서의 페르소나는 자의적이며,
아직은 부재하는 궁극적 실재와 아무런 본질적 관련을 얻지 못한 채
허공에 떠 있는데, 이를테면 바로 여기에서도 '인생은 그런 것!'(C'est
la vie)이라는 허무주의의 구조가 단적으로 드러난다.

당연히 페르소나를 스스로 벗기기는 몹시 어렵다. '신분-역할-
체질'(K. 밀레트)의 원환적 완성이 마침내 어떤 태도를 결정하는
것처럼, 페르소나는 어느새 자신의 몸과 생활 속에 기입(in-

scription)된 것이기 때문이다. 혹은 페르소나의 조직과 배치가

세속이기 때문이며, 우리 모두는 페르소나에 의지한 채로 간신히
체면과 생계를 유지하면서 그 세속의 체계에 얽혀 있기 때문이다.
이를테면 파직(罷職)당하거나 실업의 신세에 내몰리거나, 이혼이나
절연(絕緣), 파문이나 추방을 당하는 것은 현실적 생존의 토대이자
매개가 되는 자신의 페르소나를 강제로 박탈당하는 것이다. 이른바
'예외 상태'(벤야민)나 '비식별역'(아감벤)의 체험도 여기에서 그리 멀지
않다.

그러나 페르소나에 영영 적응하지 못하거나 심지어 이를 스스로
포기하려는 이들이 없지도 않다. 그들은 하나의 페르소나가
자신들의 살이나 영혼과 합치하기를 원치 않는다. 그런 제한된
의미에서 그들은 신경증적 미봉의 상태를 넘어선 강한 의미의
히스테리증 환자—"히스테리증자의 위치를 규정하는 것은 정확히
이런 분열 속에서 자신의 상징적 지위를 받아들이기를 거부 혹은
주저하는 주체이기 때문이다"(지젝)—가 된다. 그들은 사회적
연계와 배치의 자의성에 불과한 페르소나의 텅 빈 중심을 간파하며,
기껏해야 그것을 사다리의 살이나 돌다리의 징검돌로 여길 뿐이다.
그들은 현실적 규정력이 있는 공간에 '배속'(配屬)되긴 했지만,
영혼이 귀속(歸屬)될 장소를 얻지 못한 채 쉼 없이 서성거리고 있는
셈이다.

한편 아들이라는 페르소나를 단숨에 벗어버린 예수("'여자'여 보소서
아들이니이다!")처럼 보다 강한 귀속감의 확신 속에서 일관성 있게

모난 행위에 나서는 이들도 있다. 물론 이들은 다분히 도착적이며, 운이 좋으면 그 일관성의 사건 속에서 혁명의 묘맥을 일구기도 한다. 반복해서 강조하지만, (복음서에 명명백백하게 씌어 있듯이) 예수가 일군 공동체의 (부정적) 계기는 가족주의에 대한 비평이었다. '피'와 생식(生殖)으로 접속된 가족이야말로 (필경 가면의 자리인) 그 '살'에 가장 근접한 것으로서, 그것은 그야말로 페르소나 중의 페르소나가 아닐 수 없다. 초기의 엥겔스나 혁명적 레닌주의자들이 부르주아적 불평등과 착취의 구조로 엮인 가족을 철폐하고 성(性)사회주의적 재배치를 구상하다가 폐기하거나 실패한 일은 이 사실을 거꾸로 증명한다.

꿈과 현실이 일치하는 노장류의 풍경이나 유희와 노동이 일치하는 사회주의적 이상향에 대한 상상을 이 논의에 대입시켜본다면, 그것은 한마디로 '페르소나와 가면'의 일치일 것이다. 인류학자들의 보고나 몇몇 놀이 이론가의 지론처럼, 가면은 현실 속에서 기능적으로 수행하던 비교적 안정된 사회적 역할(persona)을 일시적으로 포기하고 변신할 수 있는 조건을 준다. (당연히 이 가면은 숨어 있던 가능성의 진실이 분출하는 출구로서 기능한다.) 여기에서의 문제는 '변신할 수 있는 조건이 일시적'일 뿐이라는 데 있는데, 물론 이른바 '연극적 실천의 근기'는 이 조건을 변화시킬 궁리를 정형화시킨 것이다. 그러므로 문제는, 가면을 쓰고 어울리는 사귐과 공부의 실천이 페르소나와 가면의 일치를 가능케 할 구성적 조건을 대체 어떤 식으로 '상황화'(무대화)하는가에 있다.

평소 통히 너를 지배했던 사장이 한턱을 내는 회식자리였다면 너는
그 식당 주인을 대신해서라도 사장에게 바가지를 씌우고 싶었을
것이다. 음식의 맛이나 서비스의 질이 문제가 아니다. 심지어 사장이
내는 회식비의 내역도 논외다. 요점은, 어떤 식으로든, 그가 '피해'를
많이 입도록 하는 게다. 가령 술 힘에 얹혀 눈결에라도 평소의
위계질서가 뒤집힌 채 사장이 무안을 당하거나 봉변을 보는 게
요령이지만, 그 노릇이 난당하면 아쉬운 대로 바가지라도 씌워야
한다.

권력에도 제 나름의 비용이 드는 것이다. 가령 포틀래치의
경제사회학이나 '왕은 죽여야 한다'(프레이저)거나 '말하는 자가
듣는 자에 비해서 약자'(가라타니 고진)라는 식의 논의들은 권력이
치러야 하는 여러 형태의 비용을 가리킨다. 그러니까 예를 들어
'권불십년'(權不十年)이라는 격언은 단지 권세의 허망함을 일깨우는
말이 아니다. 그것은 '권력은 죽어야 한다'는 민중의 거친 원망이
비용의 형태로 승화된 언사인 것이다. 아껴 말해서, 니체에 대한
막스 베버나 지라르 등의 비판을 감안하더라도, '원한의 심리학'은 이
지점에서 바이 쓸모없는 게 아닐 테다.

논의를 한껏 확장시켜본다면, '마음이 있는 한 배은망덕은
필연적'이라는 주장에까지 상도할 수 있겠다. 예를 들어 네가
누군가의 도움을 지속적으로 받는 처지라고 해보자. 네가 워낙
지질한 놈이거나 부러 상성(喪性)한 척하지 않는 이상 너는 그
은인에게 으레 고마워할 것이다. 그렇다고 하더라도, 은인의 도움이
길게 반복되면서 은연중에 벌어지는 네 마음속의 변화에는 주목할
만한 단처(段處)가 있다. 매사에 주면서 펴지고 받으면서 오므라드는
것이 인지상정이라면, 은인의 도움에 쉼 없이 노출되는 중에 네
마음은 (최소한 그 은인 '앞에서'는 혹은 그를 '향해서'는) 점차 오그라들
가능성이 농후한데, 이른바 자존심(self-esteem)은 이로써 은근히
상처를 받게 된다. 단도직입하자면, 문제는 그 훼손된 자존심의
상처에 대한 보상·복수의 원념(怨念)이 필경 그 은인에게로
향한다는 데 있다.

그래서 (프로이트의 말처럼) 수혜자는 그 은인을 미워하게 되는
법이며, (내 말처럼) 우리는 다시 한번 세속의 이법을 유감스레
체감하게 된다. 이 불운을 피하는 방법—물론 정신의 청맹과니들은
이 방법을 쓰고 싶어하지 않지만—은 대략 세 가지다. 네가 그
은인의 존재를 중화시킬 만큼 성장·성숙하거나, 혹은 청개구리처럼
그 은인을 피해 다니면서 그의 영향력에서 벗어나거나, 그것도
아니라면 그 은인이 일찍 죽어 네가 그를 애도할 수 있게 되는
것이다.

은인과 수혜자의 관계는 스승과 제자와의 관계로 전수이 옮길 수 있다. 그러고 보면 앞서 인용한 프로이트의 말은, 융이나 아들러나 혹은 라이히 등, 동뜨고 야심만만한 제자들을 거치면서 이 아버지— 스승이 겪을 수밖에 없는 세속적 운명의 한 단면을 풀어낸 소회일 뿐인지도 모르겠다. 멍청한 제자는 망은(忘恩)하는 게고 영리한 제자는 배은(背恩)하는 법이니, 그 사이에 길을 잃고 늙어가는 게 세속의 스승들이다. 해서, 누차 말했지만, 성숙하지 않으면 죽는 것이고, 세속과 창의적으로 버텨살지 못하면 썩는 것이다. 나는 워낙 뒤풀이 따위를 즐기지 않는 편이기도 하지만, 젊은 학생들이 어울려 놀면서 정겹게 수작하는 곳에 밑질기게 붙어 앉아서, 때 묻은 청춘을 상기하려는 교수들의 악지와 엄부럭에 진절머리를 내곤 했다. (라캉의 말처럼) 아버지는 죽어야 하고 선생은 빨리 집으로 가야 하는 것이니, 일찍 귀가하지 않는 선생은 한여름의 무말랭이만큼도 쓸데없는 놈이다.

이것은 의사 등 조력자의 경우도 마찬가지다. 환자 혹은 피해자는 '한강에서 뺨 맞고 마포에서 눈 흘긴다'는 식으로 자신을 도와주려는 조력자를 가해자와 혼동한다. 그는 종종 조력자에게 두덜거리거나 실없이 욱대기거나 심지어 예기치 않은 적대감을 표시하기도 한다. 이 황당한 현상은 무의식의 맹목적 전염성을 잘 보여주는 '술어적 사고'(predicate thinking)로써도 쉽게 풀어낼 수 있는데, 환자·피해자의 분노가 결절하거나 정박한 부분은 주로 의식의 기저(基底)이므로 가해자와 조력자의 이미지가 섞바뀌기 쉽고, 따라서 서로 능준하게 변별해서 대접하기가 난감해지기도 하기

때문이다. 유사한 사례를 든다면, (정신분열증에 대한 베이트슨의 그
유명한 논의에서 보듯) 자식을 이중으로 구속한 부모(특히 모친)는 그
자식이 자신에게 호의를 지닌 채 접근할 때의 모습이 연상시키는
제3의 인물로 인해 다시 그를 배척하는데, 이 자폐적 피드백의
구조에 잡힌 자식은 헐수할수없이 불행한 녀석이다.

미시사('신문화사') 연구의 물꼬를 튼 작품 『마르탱 게르의 귀향』의
저자이기도 한 나탈리 제먼 데이비스(Natalie Zemon Davis)의
『선물의 역사』를 보면, '선물'이라는 뜻을 지닌 여러 나라 말의
어원에는 '성가시다'라는 경험이 내포되어 있다. 물론 이 경우의
선물은 집단적인 체험이기 때문에 개인주의의 전일적 세례를
받은 근현대인의 삶 속에서 그 느낌을 톡톡히 재현하기는 어렵다.
이것은 (바타유의 지론처럼) 종교의 근대화, 혹은 개인주의화(horam
deo!)의 과정 속에서 고대·원시 종교의 구성적 특성을 이루었던
에로티시즘이 통으로 사라진 것을 방불케 한다. 말하자면, 고대
종교 속의 집단적 에로티시즘이 반드시 에로틱(erotic)하지 않았듯이,
고대의 부족사회 속에서 이루어진 집단적 선물의 체험이 반드시
유쾌한 경험은 아니었던 것이다. 그렇기 때문에 실생활에서 선물의
부담을 최소화하려는 다양한 고려와 꾀가 개발되어왔고, 몇몇
이론가는 선물의 원천적 불가능성에 대해 그토록 군색하고 정교한
언설을 내뱉는다.

배은망덕은 선물이 불가능하다는 그 위태로운 주장과 내통한다.
선물이 불가능한 지경에서야 비로소 선물이 가능해진다는

이 선물의 역설은, 마음을 죽여야 비로소 마음이 전달된다는
은원(恩怨)의 역설과 궤를 같이한다. 은인은 은인이라는 바로 그
사실 탓에 수혜자라는 '바깥'과 그 '응답의 타자성'에 대해 무지한
채 건정건정 움직이는 법이고, 자신이 베푼 호의에 발목이 잡혀
그 호의의 곁눈질로만 수혜자를 가늠하려 한다. 한편 수혜자는
수혜자라는 바로 그 이유 탓에 자신의 존재를 수혜(受惠)와
무관하게 재설정하려는 허영에 탐닉하고, 수혜를 욕망하면서도
은인을 감추거나 그 영향을 축소하려는 허위의식에 지핀다.

"호의는 총알보다 빠르게 사람을 죽인다."[13] 수혜자는 은인을
미워하고, 환자는 조력자를 가해자와 혼동하고, 제자는 선생의
영향력을 부정하고, 수강자는 강의자를 냉소하고, 애인은
애인을 잊고 인간은 신을 죽인다. 실은 이것이 바로 세속이다.
거기에 겉가량과 속셈평이 나뉘지 않는다. 오염이나 쇠락, 그리고
배은망덕은 내남없이 뒤집어쓴 존재방식(Seinsweise)이지 한동안과
한곳에서 생긴 우연한 실착(失錯)이 아니다. 그러므로 내가 말해온
은원불망(恩怨不忘)의 윤리는 비상하게 너를 옥죄는 겸제(箝制)의
역설로써 그 존재방식을 곤두칠 수 있는지를 묻는 충실성의
시험이다. 누구라도 배은망덕의 힘으로 살아가는 세속이지만, 하필
너만은 세속이 아니더냐?

똑똑한 이들은 무엇보다도 해석의 무한성에 탐닉한다. 섹스가
그리고 연역법(演繹法)이 상기시키는 어느 원형적 움직임처럼,
소급(Rüeckschritt)은 워낙 쾌락이다. 해석의 지루한 순환, 그
재서술적 운동성 속에서 그들의 지성(Intelligenz)은 번득이며 숨을
몰아쉰다. 그러나 지성이 아닌 생활의 지혜(Lebensweisheit)는 대체
무엇일까?

물론 생활-지혜는 소급하지 않으려는 실천적 의지 속에 있다. 나는
이것을 '자서전적 삶'이 아니라 '연극적 삶'이라고 부른 바 있다.
혹자는 연극을 해석이라고 여겨 내 생각을 반박할 수 있다. 그러나
그 반박은 디드로의 연극론만으로도 다시 쉽게 반박당한다. 연극은
해석이 아니라 오히려 약속인 것이다. 사적 정서에 기댄 변주로서의
해석은 오히려 통속적이고, (프로이트에 대한 라캉의 응종처럼) 연극적
충량(忠良)은 오히려 극히 생산적일 수 있다. 나는 남과 다르다는
소급적, 자서전적 태도를 하루빨리 버리고, 연극 속에서 제 나름의
창의와 개성을 얻는 것, 그것은 가장 분명한 생활의 지혜다.
세속에서, 에둘러 오지 않는 코기토는 없다.

해석의 차이에 탐닉함으로써 지성의 자가당착적 은성(殷盛)을 증명하는 짓도 아니다. 마찬가지로, 해석의 운동이 자연스레 끝나는 지점을 특권시한 채로 실천의 내리막길로 나서는 것도 능사가 아니다. 그것은, 그 실천적 지혜는 약속에서 온다. 약속? 그렇다. 그 약속의 앞뒤에서 해일(海溢)을 이루는 눈부신 이치의 교착을 넘어 낭떠러지로 한발을 내미는 약속.

"······그중에서도 너(高銀)를 제일 사랑한다. 부디 공부 좀 해라.
공부를 지독하게 하고 나서 지금의 그 발랄한 생리와 반짝거리는
이미지와 축복받은 독기(毒氣)가 죽지 않을 때, 고은은 한국의
장 주네가 될 수 있다. 철학을 통해서 현대공부를 철저히 하고
대성(大成)해라. 부탁한다."

김수영 시인(1921~1968)이 고은 시인에게 보낸 편지의 일부다.
안타깝게도 시인에게 현대철학(인문학)의 공부를 권유하는 것은
지금도 여전히 시의적절한 노릇이다. 자기만의 '사상'으로써 삶을
질기게 뚫어낸 경험이 없는 문인에게 기대할 것은 적다. 김수영은
다른 글에서 시인들의 9할은 사기꾼이라고 매도한다. 9할은, 너무
심한 결례! 내가 보기에는, 8할 정도는 선량한 무능력자이고 나머지
1할은 사기꾼이라고 보는 게 조금 온건한 평가일 듯하다. 그러면
나머지 1할로 우리는 족히 즐겁지 않은가?

김수영은 평소 후배 문인들에게 독서와 생활을 혼동하지 말라고
이르곤 했다. 그의 지론에 따르면, 독서는 그저 받아들이는
것이지만, 생활은 뚫고 나가는 것이다. 가령 박인환에 대한 그의

유연하고 지독한 혐오에서 엿볼 수 있듯이, 독서를 받아들이지 않은
채 "발랄한 생리와 반짝거리는 이미지와 축복받은 독기(毒氣)"만의
삶으로는 실로 아무것에도 이를 수 없다.

말이 나온 김에 한마디 덧붙이면, 나는 김수영의 시를 썩 좋아하는
편이 아닌데, 우선 너무 태작이 많기 때문이다. 그가 이어령과의
그 유명한 논쟁에서 '문학의 근원적 불온성'을 힘주어 말하거나,
혹은 '시(詩)는 나의 닻'이라는 주술을 내뿜고 다녀도, 내가 보기에
그는 1960년대를 대표할 만한 탁월한 모더니스트—지식인이지 그리
훌륭한 시인은 못 된다. 말하자면, 그는 꽤 괜찮은 시인관(詩人觀)을
지닌 주목할 만한 지식인이었지 그만한 시인은 아니었던 것이다.
박인환이 시를 못 썼다고 타박한 것은 김수영이라는 시인이 아니라
평자—지식인으로서의 김수영이었을 뿐이다.

내가 김수영에게서 특히 좋아하는 부분은, (마치 내가 술을
생활양식의 개선 속에서 이해하듯) 그가 시 쓰기와 생활양식을
병치시키는 곳이다. 진정한 급진성은 분노나 이념으로부터,
혹은 술 마시기나 오입하기로부터 나오는 게 아니다. 생활양식이
결절하는 어떤 대목은 '빈 통'(하아얀 의욕)인데, 그 빈 통 속으로
세속이 삼투당할 만할 때, 그것을 일러 내가 '무능의 급진성'이라고
부르는 것이다. 그러나 김수영은 그 길목에 들어서는 찰나에 그만
횡사(橫死)하고 말았다. 그는 스승이 없던 시대에도 꽤 빼어난
재주를 지닌 글쟁이였다.

아는 대로, 도그마를 통해 신앙에 이른 자는 드물지요. 거꾸로
신앙은 도그마를 묵수(墨守)하고 그 기원을 묻지 않습니다. '사랑'과
비슷한 형식은 다 그런 꼴인데, 보다 일반적으로 말하자면,
쾌락은 무지와 동반한다는 얘기이지요. 그래서 무릇 믿는 것은
모조리 수행적(perfomative) 사건일 뿐이며, 거기서 인식은 오직
사후약방문인 것입니다. 조금 달리 분류하자면, 믿음은 모짝
'목소리' 속으로 소급해 들어가고, 그곳에 진정한 텍스트는 없어요.
그래서 아는 일은 조금 무서운 노릇인데, 그 공포를 떨쳐버리기
위해서라도 나는 걷고, 그래서, 나는 믿지 않고 오직 알면서 모른
체하는 연극적 실천에 나서는 배돌이가 되지요. 이젠 아셨지요?

머리 깎은 중들이 부처를 증거하는 게 아니다. 마찬가지로 검정색 옷
입은 신부나 목사들이 하나님을 증거하는 게 아니다. 신호(信號)는
신실하지 못하다. 신실(信實)한 게 반체제적이라는 사실을 그 누가
가장 무서워하겠는가? 신실은 오직 체계의 '빈 중심'을 읽지 못하는
대중의 유보된 쾌락일 뿐이다. 가령 그것이 루터와 키르케고르의
차이인데, 중이나 목사 그리고 신부들이야말로 저주받도록
자가당착적 존재들일 수밖에 없는 것이, 그들이야말로 그 평생의
수행성(performativity)을 통해 외려 역설적으로 그들의 불/신(佛/
神)을 가장 생생하게 반증하기 때문이다. '믿음의 체계'로서의 종교는
'믿음을 관리하는 체계'라는 뜻으로, 그 믿음은 중이나 목사나
신부들의 것이 아니다. 그들은 필경 믿지 않게 될 뿐 아니라 실은
믿을 이유도 필요도 없다는 데 그 요의가 있다. 그 믿음은, 믿음이
무엇인지 영영 몰라야 하는 신도 대중만의 것이기 때문이다.

요점은, 평신도들은 영영 불신(不信)할 수 없다는 데 있다. 그들은
제도의 주변을 배돌면서 냉소하거나 살천스럽게 굴 수도 있고,
어뜩비뚝 엉절거리기도 한다. 그러나 그들은 기껏 회의하거나
의심할 뿐이지 결코 완벽하게 불신에 이르지 못한다. 엄밀히 말해서
'시험에 드는 것'은 단 한순간도 체제의 외부가 아니기 때문이다.
그들은 그 체제의 전체에 대한 인식을 결코 자의식과 일치시키지
못하고, 따라서 영영 종교 내부의 계서제에 대한 계급의식에 달하지
못한다. 알기 위해서도, 혹은 (마찬가지로) 완벽하게 모르기 위해서도
개인은 체제 전체와 대결해야만 하는 것이다. 그러므로 성직자들이
'안다고 가정된 주체'로 표상되는 한, 평신도들은 앎으로부터도
소외되며, (불행하게도) 무지로부터도 배제당한다. 불신은, 계급적
특권인 것이다.

공동체의 미래는, 개인으로서는 영영 되찾을 수 없는 먼 과거의 잊힌
가능성 속에 열린다. 그것은 근대의 것도 아니고 전근대나 탈근대의
것도 아니다. 그것은 이 모든 것을 뒤섞어 이 모든 것을 넘어서는
자리에서 열린다. 그 가능성은 (다소 궁색한 표현이나마) '비인칭의
가주어'라는 역설이 실제가 되는 순간의 한 줄기 빛이다. '나보다
큰 나'라는 흔한 명제는, 이처럼 단지 위상학적 은유로서가 아니라
제도적 진보가 청산해버린 특정한 시간(성)을 가리키는 것이다.

어울림은 인칭이 아닌 인칭, 인칭보다 더 큰 인칭을 만들어내는
기적이다. 기적은, 그런 식으로 연대의 어울림 속에서 어른거렸던
고대의 빛이 남긴 소문 속에서 살아간다. 그 어울림은 개인을 몰랐던
과거의 것도 아니며, 개인들의 배치와 조합으로 가능해진 현재의
것도 아니다. 그것은 미래의 것인데, 개인들의 한계가 환하게 드러난
자리에서 멀리멀리 되섞여 오는 것이다. 그러므로 연대의 공부는
어울림의 어떤 시공간 속에 개현하는 기운에 의탁해서만 근현대
학문의 분과적 전문성을 훨씬 넘어선다. 공동체는 단순히 새로운
제도도 반체제도 아니다. 그것은 기록되지 않았던 고대의 갱신 속에
그 영혼을 얻는다.

명사에서 동사로, 동사에서 부사(副詞)로

요소론적 세계관에 대한 비판의 맥락 속에서 동사라는 메타포가
유용하게 사용되어 이런저런 논의의 생산성을 높인 것은 이미
상식이 되었다. 그러나 하나의 문장 속이라면 동사도 명사 못지않게
중요하며 권위적이다. 이와 대조적으로 부(副)사는 겨우 '곁따르는'
역할을 하는 것으로서, 하나의 문장에서 결정적인 성분이 아니다.
없어도 되는 이것은, 있음으로써 얻는 소득과 그 보람 속에서 어떤
징후(徵候)를 보인다.

체계화된 사회를 하나의 문장 혹은 가족유사성(Familienähnlichkeit)을
지닌 일련의 문장들(책)에 비긴다면, 그 체계를 유지하기 위해 필요한
명사적 존재들, 그리고 이와 관련되는 동사적 존재들을 상정해볼 수
있을 것이다. 몹시 흥미로운 사실은, 이 존재들의 명목적인 가치가
기존 체계와 그 질서를 지키는 데 있지만, 실은 인간의 무늬(人紋)에
유의하는 그 모든 사람에게는 바로 이 존재들과 이들이
재생산해내는 세속적 체계 탓으로 삶이 '어긋남'으로 경험된다는
것이다.

명사와 동사로 구성되는 정신문화적 '경부고속도로'의 바깥에서 이

어긋남을 어긋냄으로 되받아치는 것을 일러 '부사적'이라고 하며,
그 같은 움직임, 생활양식, 그리고 의욕을 동무라고 부른다.
동무라는 움직임 혹은 관계를 부사적이라고 부른 이유는, 그것이
체계(책)나 제도(문장)에 접속하지 않고도 스스로의 운명을
개척하며, 그 조형(造型)의 일관성을 통해 오히려 체계와 제도에
틈을 내고 그 방향을 바꾸는(變針) 노역에 의욕을 부리기 때문이다.

당신이 체계라는 문장에 접속(on)하면서도 그 논리와 욕망을 바꾸며
어긋내는(against) 벡터일 때, 우연찮게 포함(Geltung)되긴 하지만
소속(Bedeutung)될 수 없는 희망을 지펴 살아갈 때, 당신이 부재와
소외의 외부성 속에서도 기이한 생산성으로 하아얗게 불탈 때, 그때
동무들은 당신을 한 템포 느리게 '동무'라고 부르는 것이다.

불가능한 지혜

내가 두고두고 말하고 너는 결코 귀 기울이지 않지만, 인문주의가
지닌 최고의 힘(德)은, '알면서 모른 체하기'다. 인문이 신(神)과
접속하는 대목이 결코 '아는 것'이 아니라는 사실은 누구라도 쉬
주워섬기지만, 그 '아는 것'을 '모른 체하기'로 옮겨놓아야만 신(神)이
들어선다는 사실은 그 누구도 알지 못한다. 그러므로 우리는 신이
될 수 없고, 따라서 영영 존재론적 겸손 속에서 살아가야만 하는데,
그것은 '알면서 모른 체하기'가 어느 은택의 '순간' 속에서 오직
빛나듯이 찰나로만 가능해지기 때문이다.

아, 영영 인간인 것!

검은 성(城) 같은 공간 속에서 번란하고 우스꽝스러운 옷을 입은
이들 사이로 전직 대통령들이나 갖은 기관의 수장들이 쉽게 머리를
조아리고 꽃을 바쳤다면, 그 시체는 예수의 것이 아니다. 전태일의
죽음 앞에 전직 대통령들이 줄줄이 고개를 숙일 수 없듯이, 청년
예수의 죽음은 한낱 스캔들이었고 그의 시체가 어느 은인의
도움으로 간신히 빼돌려졌으며 극소수의 제자들에 의해 돌로
매장되었다는 사실만이 우리의 빛인 것!

18세의 김연아, 혹은 국민의 탄생

여자라면 모짝 성애화(sexualization)의 풍경 속에서 그 성정치적
권력함수를 숨기고 생물화되는 마당에 18세의 미성년 김연아는
천진무구하게 은반 위를 미끄러지며 '국민'들의 '사랑'을 독차지한다.
탈성화(脫性化)라는 알리바이 위에서만 그 시선들은 국민의 것이
되며, 대중적 욕망의 대상과 국민 사이의 타협 혹은 음모는 어떤
정치적 영도(零度)의 지점을 선택한다. 그것은 김연아의 나이여도
좋고, 최진실의 이름('眞實')이어도 좋고, 문근영의 표정이어도 좋고,
혹은 이효리의 인간성이어도 좋다. 그러나 그것이 여전히 예뻐야
한다는 것은 말할 나위도 없지만, 그 사실은 대중적 환상 속에 보다
무해하게 번역되며 그 번역의 익명적 무책임 속에서 오늘도 국민은
다시 탄생한다.

누군가 나를 오해해서 관계가 틀어지더라도 나는 좀처럼 그 오해를
풀려고 하지 않는다. 숱한 이를 겪으면서 얻는 내 나름의 미립인데,
돌이켜보면 나는 그 오해를 모르는 체 방치해서 역시 숱한 이들과
변변한 애도조차 없이 헤어지고 말았다. 그것이 내가 오해를
대접하는 방식이며, 마찬가지로 세속을 이해하는 방식이다. 그것은
돌이킬 수 없으니, 마치 상처가 영원하듯이 오해도 영원한 것이다.
오해한 죄, 그것은 최초의 죄이며 가장 중요한 죄다. 오해의 빚은
이해로써 상환되지 않는다. 그것은 오직 결별로써만 그 비용을
지불하는데, 오해는 완벽한 형식이기 때문이다.

오해여 영원하라—내 주변에 아무도 남지 않을 때까지.

여자에게 조국은 없다. 남자를 위한 대리적 표상(vicarious
representation)의 삶을 산다는 뜻이 아니라, 조국은 남자의 환상이며
여자는 그 조국에 근본적으로 무관심할 만큼 현실적이라는
뜻이다. 여자를 땅으로 남자를 하늘로 비유하는 비현실적인
구획을 풀어버리지 않는 한 이 이치는 뚫리지 않는다. 조국이라는
허영의 권력 계서제(階序制) 속에 배치되어 텃세를 부리는 남자들의
세계에 기식(寄食)하는 여자들은 짐멜이나 밀레트의 말과는 달리
남자(남편)를 통해 조국과 관계하는 것이 아니다. 그녀는 그저 잠시,
우연히 한 남자(매체)의 그늘 속에 두류(逗留)하고 있을 뿐이다.
남자의 권력은 점유권에 근거한 지역적 텃세가 근본이고, 그래서
워낙 지역적(local)일 수밖에 없지만, 여자의 욕망은 지역에 근거한
남자의 존재를 완벽한 허수아비로 만든다. 남자는 하나의 조국과
하나의 아버지와 하나의 이데올로기에 붙박일 수 있는 '허영의
주체'이지만, 여자는 스스로 고이지 않으면 영영 멈출 수 없는
물이며 사물이 존재하는 한 흘러다닐 수밖에 없는 바람인 것이다.

내가 이름을 얻은 후로 한 수 배우겠다고 찾아온 원근각지의
후배들이 꽤 있었다. 그들의 공통점은 아무래도 배우려고 하지
않는다는 사실에 있었다. 그들은 영리한 환자들이었고 고독한
연인들이었다. 그리고 익숙한 변명들이 식기 바쁘게 끔찍하고
어리석은 일상을 반복하는 그 낡은 관계의 이름은 '지식인'이었다.
또한 프로이트가 말하지 않은 제4의 불안('영향의 불안')은 그들이
자랑하는 허영이었다.

그 변명과 실제 사이를 가르는 편차의 수갱(竪坑, shaft of driftage)을
통해 그들은 역설적인 자기 증명 속에 몰각하곤 했다. 자신의 동선
전체가 특정한 욕망의 패턴에 줄을 대고 있다는 사실을 깨닫기는
죽기보다 어려운데, 그래서 늘 '생각'은 타자의 비각인 것이며,
마찬가지로 생각은 공부가 아닌 것이다.

돌고래의 꿈

에고(ego)의 형식이 사랑이라는 것은 그저 상식으로, 길게 사설을
붙일 일이 아니다. 사랑하는 이들은 에고의 범람 속에서 울고
웃으며 바로 그 쾌락의 조건을 비용의 내용으로 지불하게 마련이다.
그렇게 보면, 비록 '에고의 형식'이라고 했지만 에고에는 아무런
형식이 없으며, 실은 무형식이야말로 에고의 유일한 형식인 셈이다.

변덕(소비), 질투(연애), 그리고 허영(지식)은 모두 사랑의 형식, 즉
무형식의 형식의 사례들이다. 이것들은 인생과 세속에 대한 한
생각을 길게 키워 제 나름의 주체를 조형하고 실천해본 경험이
없는 이들이 일희일비(一喜一悲)하는 쾌락의 늪이다. 천정을 하늘인
듯, 호의를 사랑인 듯, 의도를 실천인 듯, 변덕이 보신인 듯,
체계가 전부인 듯 믿으며 살아가는 이들의 에고는 바쁘게 한심하고
한심하게 바쁘다. 그 한심한 에고는 오직 사념(邪念)으로 값비싼
자기 존재의 비용을 바쁘게 지불하느라 근 백 년을 살아가면서 단 한
사람도 살리지 못한다.

돌고래의 형식은 알면서 모른 체하는, 호명할 수 없는 고대(古代)의
힘으로 에고를 그 고속 유선형의 몸속에 완벽하게 내려앉힌 데

있다. 그가 물에 빠진 사람을 건질 때 그의 호의는 속도가 되고 그의
의도는 피부가 되며 그의 약속은 정확한 미래가 된다. 돌고래의(가)
꿈을 꾼다. 그의 꿈은 그 누구나의 것이며 아직 그 누구의 것도
아닌데, 그것은 사물과 사람이 일치하는 지점에서야 겨우 발생하는
희망의 싹을 먼저 걷는 자의 것이기도 하다.

이론

이론은 근육이며 근육은 타자다. 그것은 자신의 '생각'을 고집하면서
그 모든 보수주의의 밑절미인 살로 돌아갈 숙명에 의해 위협당하며,
바로 '생각 속에 잡아둘 수 없다'는 사실 속에서 근육은 자신의
타자성을 증거한다. 보수주의를 '무이론의 강박'이라고 했을
때 그것은 자신의 무게로 인해서 처지는 살덩어리와 같다. 그
행복한 살이 근육의 영도(零度)라는 무이론성, 무정치성 속의
나르시시즘이라면 그 불행한 근육은 중력과 구심력을 거슬러 자신
속에 어렵사리 들어서는 타자의 흔적인 것이다.

"이 나라는 교양 없는 인간들이 권력을 잡은 데서 모든 불행이
시작되었다."(조갑제)

아놀드(M. Arnold)에서 밀(J.S. Mill)을 거쳐 윌리엄스(R. Williams)로
이르는 길은 교양이 비평과 어떻게 다르며 그 분기점의 시금석이
무엇이었는지를 새삼스레 되새김질하게 한다. 그 비평의 문턱에
주저앉아 자신의 '생각'과 그 '살'을 교양의 실체로 오인하는 주체는
이론들을 시기하며 자폐적 강박 속에서 생래의 보수주의자로
머문다. 이윽고 교양은 무이론의 강박일 뿐인 그들의 무의식이
된다. 교양을 특수/보편이라는 범주 속에서 사유했던 헤겔을 따라가
보면, 삶은 도토리처럼 생긴 김구 '선생'은 조금 특수하게 보이지만
맥아더와 더불어 왜장치듯 희떱게 구는 이승만 '박사'는 제법
보편적으로 보일지도 모른다. 김구가 암살당했고 노무현이 자살을
한 것은 어쩌면 바로 그 '교양'의 문제 탓인지도 모른다. 그리고
이 쥐똥만 한 나라에서 영호남이니 스카이(sky)니 강남이니 하는
지랄(知剌)에 골독하는 이유도 바로 그 교양 탓인지 모른다. 그 교양
탓으로 지질한 얼뜨기들이 신문을 만들고 일국의 문화부 장관으로
군림하는지도 모른다.

언제/어떻게 의심하면 배울 수 있는가?

그 사람은 의심을 공부와 혼동하곤 했지요. 그래서 오늘의 개성은
고집이 되고, 내일의 개성은 변덕이 되곤 했지요. '의심할 때에야
비로소 타자가 보인다'는, 듣기 좋은 말도 가려 써야 하는 것을
몰랐습니다. 의심하는 게 곧 배우는 게 아니라는 것, 허투루
의심하고선 아예 의심에조차 이를 수 없다는 것을 아직 몰랐지요.
언제 어떻게 의심해야만 비로소 공부에 들 수 있는지를 아직은 잘
몰랐지요.

의심은 아직 가보지 못한 길 앞에 서 있는 일과 같습니다.
수영(水泳)처럼, 길도 의심에 의해 알려진 바가 적지요. 긍정적으로
대별하자면, 의심은 이데올로기의 바깥을 염탐하거나 현실의
사춤을 엿보는 일과 닮았습니다. 그런 점에서 그것은 어쩌면
사춘기 소년의 비행(非行)과 마찬가지의 형식을 지닐 겝니다. 그러나
엄밀히 평하자면, 의심은 오히려 비행(非行)을 통해 해소되기
일쑤며, 그래서 비행의 사후적 수행성은 (돌아온 탕자의 비유가
적절하게 보여주듯이) 대체로 보수적으로 흐릅니다. 물론 상식을
비행(非行)으로 맞서려는 비행(飛行)이 반드시 한 시절의 징후일
수만은 없고, 인생 그 자체가 예상치 못한 변증법적 극화인 만큼

의심도 피할 수 없지요.

그러나 자유와 평등의 이념이 자본제적 삶의 현실에 얹혀
순치되면서, 의심은 그 고유한 인문학적 급진성을 빼앗긴 채
소비자의 변덕과 혼동당하는 지경에 이르렀습니다. 이참에,
재바르고 약빠른 이들은 열정을 재능으로 냉소를 독창으로
오인하고 의심의 힘을 오직 허영 속에 쟁여놓는 습벽에 빠지곤
하지요. 자본제적 삶과 버성기면서도 그 불화를 생산적으로
전유할 능력이 없고, 그 상처를 빌미로 (체계가 아닌) 이웃에
대한 냉소와 의심만 키울 뿐입니다. 말하자면 이 의심은 어떤
억압(Verdrängung)의 틈을 근근이 비집고 나오면서 변질된
것이지만, 시야를 가리고 있는 부정(Verneinung) 탓에 자신의
욕망을 깨닫진 못하지요.

그러면 의심이 경쾌하게 덤핑되는 시장 자본제적 현실 속에서
의심의 인문학적 생산성은 언제, 어떻게 생기는 것일까요? 옛말에
절문(切問)은 흔히 박학(博學)과 독지(篤志)에 이어지는데, 박학이야
그저 계몽주의적 바탕에 불과하다고 한다면, 독지의 내실을 살피는
일이야말로 절문, 즉 의심을 칼날을 내지르는 것의 조건과 의미를
깨닫게 할 텝니다. 그러니까 의심 혹은 절실한 물음이 독지, 즉 신실한
의욕 다음에 놓인다는 사실에 유념할 필요가 있겠지요. "전통을
파기한 채 자본제적 시장에 순치되는"(울리히 벡) 소비자 개인이
의심을 인문학적 생산성으로 전유할 수 없는 이유가 여기에서
뻔해집니다. 예를 들어 파리의 날개를 잡아채는 개구리의 혀는 한편

무심(無心)하기에 동뜬 기량을 보이는데, 그것은 오직 그 비행술의
천재를 유심(有心)하게 응접하는 검질긴 의욕과 관련되는 것이지요.
그러나 일찍이 청장관 이덕무가 궁리해본 바 있는 이 유심-무심의
변증법은 소비자식 의심에 의해 애초에 폐제(廢除)당합니다.
그러므로 '거(居)함에 궁하지 않고 동(動)함에 망설임이 없다'는
이치는 이 시대에 이르러 완벽하게 실종되고 마는 것이지요. 박학과
독지에 터하지 못한 의심이 피상적 호기심과 소비자적 변덕에 되먹힐
것은 차라리 당연합니다.

그러면, 전통과 권위는 혹은 틀과 상식은 언제, 어떻게 의심받아야
하는 것일까요? 우리는 여기에서, '금제(禁制)는 오직 완벽한
외부자에 의해서만 파괴(위반)된다'는 바타유 식 명제를 상기해볼
필요가 있습니다. 이를 뒤집어놓으면, 파괴의 주체가 외부자일
경우 의심의 주체는 내부자일 수밖에 없다는 뜻이 됩니다. 이
같은 인류학적 명제의 소재를 바꾸면서 조금 가공해놓은 게 바로
비트겐슈타인의 다음과 같은 유명한 문장이지요. "그것을 의심하면
그 게임을 배울 수가 없다." 말하자면 아이러니를 제도화할 수
없다고 하듯이, 제대로 배우면서 동시에 의심할 수는 없다는
말이지요. 그러나 의식의 변증법을 피할 수 없는 것처럼 의심도
피할 수 없는 인간됨의 조건이라면, 이제 중요한 것은 이 의심을
어떻게 배치하는가, 하는 문제입니다. 의심은 의식의 변증법이라는
인간의 조건 바깥으로 내몰 수 있는 게 아닌 데다, 이와 동시에
배우면서 제대로 의심할 수 없고 의심하면서 제대로 배울 수 없다고
한다면, 어떤 복합적 '배치'가 남은 과제일 수밖에 없기 때문이지요.

그러니까, 어떤 겹의 배치 속에서 의심은 배움을 위한 현명한 행위가
될 수 있을까요?

다정한 사람, 서늘한 학인

무릇 둘(2) 관계의 내밀한 구조가 잘 보여주듯이, 호감/호의는
기만이다. 물론 그 기만은 사적 개인으로 귀착하기보다 그 호의가
당대 체계의 어떤 사회적 기능성에 의해 오염된 탓이 크다.
『동무론』에서 상설했듯이, 동무론은 호의와 싸우는 유례없는,
그리고, 슬픈 방식 속의 가능성을 낚아채는 일이다. 조심할 것은,
호의를 없애는 것이 아니라는 점이다. 호의는 영영 없앨 수 없으며,
경우를 좇아 배치하는 게 요령이다. 세속은 애인들, 소비자들,
구경꾼들, 친구들, 그리고 가족들이라는 이름의 호의들로 늘
그득하며, 체계는 그 호의를 밑절미 삼아 자기 차이화, 자기 복제,
자기 재생산을 계속한다. 요점은, 호의와 버성기고 어긋내면서
새로운 삶과 관계의 미래적 형식을 톺고 '연극적 실천'을 통해
선구하는 일이다.

나는 내 후학들에게 "다정한 사람, 서늘한 학인"이 되시라는
인사말을 건네곤 한다. 그러나 다정하면 속이 곪아 사태를 제대로
볼 수 없고, 학인이라면 제대로 보면서 서늘하게 비평하는 게
본분이니 이 인사말은 일견 자가당착이다. 숱하게 말했지만 이
당착(撞着)을 뚫어내는 게 곧 '연극적 실천'이며, 이 실천의 무의식적

바탕이 '알면서 모른 체하기'이다. 쉽게 풀면 이 사잇길을 찾는

여정은 '호의/호감과의 싸움'이라는 갈래를 통해 일상화되는 것이다.
호의와 호감은 천국과 지옥을 한 몸으로 삼는 짝패의 일체인데,
어느 쪽이든 인식의 노동과는 거리가 있다. 그래서 오해를 무릅쓴
버텨읽기로 정서의 에너지를 재배치하고 현명한 사잇길을 뚫는 일은
극히 어려운 대로 더할 수 없이 긴요한 것이다. 선인들이 한결같이
"다정하면 도(道)가 성글다"거나 "좋아하고 미워하지 않으면
결국이 환하리라"고 했건만, 호의와 호감이라면 모짝 눈이 뒤집혀
체계적 세속의 볼모가 되니, 예나 지금이나 사람 찾아 나서는 일은
난지난사인 듯하다.

사적 호감·호의로 넘쳐나지만 공적 의욕·태도에 질둔하거나 아예
무관심한 이가 적지 않다. 이것은 내가 말하는 애인들(공주들과
왕자들), 소비자들, 그리고 구경꾼들의 가장 중요한 특징이기도
하다. 마찬가지로 내 독자나 후원자 중 다수는 그 호오(好惡)의
촉수나 기대의 전망이 나를 향할 뿐 신뢰와 연대를 통해서만
가능해지는 내 공생활에 닿진 못한다. 호의를 흘리고 다니는
이들은 불행히도 공부가 처지고 안목과 식견이 서늘해질라치면
차라리 차갑다. 사적으로 호의의 저인망(底引網)을 친 이들은
흔히 공적으로 나태하고 언죽번죽 무례한 모습 일색이다. 그래서
그중 일부는 질투로 들뜬 애인이 되거나 변덕스런 소비자가 되거나
허영에 젖은 구경꾼이 되는 것이다. 거꾸로, 연대와 공동체의
노동에 각근하거나 공부가 맹렬해지면 안쓰럽게도 그 긴장에 스스로
피폐해지고 정(情) 붙일 자리를 알지 못한다.

다정한 것과 서늘한 것들이 스스로 물러가게 만들며 제 개성껏
슬금한 지경을 살아내기는 늘 쉽지 않다. 그러나 어느 스승의
말처럼, 소중한 것치고 쉽게 얻을 수 있는 것은 없다는 사실에
위안을 삼아야 한다. 그것은 안팎으로 오해와 질시가 잦은
길이지만, 새로운 글, 말(응대), 생활, 그리고 희망을 얻기 위해선
마치 타성일편(打成一片)의 태도로 생사일대사(生死一大事)를
뚫어내는 결기와 근기를 동원할 수밖에 없다. 동무가 불가능한
이념인 것처럼, '알면서 모른 체하기'가 불가능한 태도인 것처럼,
'다정한 사람, 서늘한 학인'도 그처럼 불가능한 일이다. 그러나
불가능한 일이 아니라면 어찌 한세상을 걸(乞)겠는가?

'~종언'이라는 소문이 왜자하게 지식계를 휩쓸곤 했다. 어느
생철학자의 말처럼 '삶 너머에는 아무것도 없'고 어떤 경우에도 삶은
계속되어야 하지만, 어느 한순간 우리네 삶이 도마뱀의 꼬리처럼
싹둑 잘려버리기라도 할 듯이 화급한 음성은 식자들의 타성적인
권위에 얹혀 제법 강성해지기도 했다. 그러나 예컨대 '형이상학의
종말'(헤겔)이나 '신의 죽음'(니체)에 이어 '이데올로기의 종언'(D. 벨)이나
(좌우파 사이의 인정투쟁사로서의) '역사의 종말'(F. 후쿠야마)로
이어지는 거대한 구분법은 진정한 종말에 대한 서술이라기보다는,
차라리 후기자본주의적 팽창이 열어놓을 새로운 세계사적 현실을
다층적으로 소묘하는 서론들이었다는 편이 더 적실한 평가일
것이다.

중세적 형이상학과 신과 이데올로기와 역사의 종말이라는 추상적
구분 아래에는 시장자본주의의 분화와 복잡화가 우리의 일상을
속속들이 규제하고 있었다. 그러므로 '종말'의 이야기들은, 우리가
아직 (늘 우리의 예측을 넘어서면서 우리의 생활을 어느새 감싸고 있는)
자본주의의 수중에 있다는 신호일 뿐이었다. '죽 쑤어서 개 주듯이'
전통과의 힘겨운 싸움의 수확을 모짝 자본의 수중에 넘겨주는

게 소비자로 변한 현대인의 일상이 아니던가? 마찬가지로 한때 지식계의 담론을 주도해온 '~종언'은 그 종언 이후를 혁명적으로 예고하는 징조가 아니라, 그저 그 담론의 하부 단위에서 벌어질 자본주의적 일상의 미시적 변화를 예고하는 서론들일 뿐인 것이다.

그 징조가 아닌 신호, 그리고 그 종언 속의 또 하나의 종언으로서 우리는 '가족의 종언'을 가볍게 언급할 수 있을 것이다. 우리 사회는 세계 최고의 저출산율이 이와 관련해서 긴급한 소식이긴 하지만, 역사적으로 보자면 워낙 자본주의적 핵가족화 자체가 가족의 해체 혹은 종말에 물꼬를 튼 계기가 되었다. 아는 바와 같이 전통적으로 가족은 지혈연(地血緣)에 바탕을 둔 노동집약적 공동체의 형식을 띠고 유지되어왔던 것이다. 그러나 이것은 산업주의적 근대화와 자본주의적 현대화의 급속한 사회 분화 양식들에 떠밀리는 가운데 요개(搖改)하면서 힘겹게 변신했고, 특히 노동공동체라는 성격보다 사랑(애정)공동체라는 현대적 성격이 가미되면서, 최소화된 가족삼각형은 자본제적 삶의 피로와 각박함을 애도하고 위안하는 정서공동체의 위상으로 좁아들었고, 거꾸로 그 내부 결속을 강화할 수밖에 없는 지점으로 내몰렸다.

벡(U. Beck)이나 기든스의 지적처럼, 현대 가족이 역설적으로 내부 결속을 다지면서 심지어 사이비 종교의 위상까지 떠맡게 된 배경에는 (소비자가 된) 개인의 개성과 정체성의 형성까지 주도하게 된 시장자본주의가 죽지 않는 괴물처럼 도사리고 있다. 자본제적 삶의 현실과 힘겹게 대치하면서도 그 전통적 문화의 지지를 잃어버린 가족은 강박적으로 (그러니까 신도, 형이상학도, 역사도, 이데올로기도 없이) 자신의 체제에 집착하는 '가족주의'만을 신봉하게 되는 것이다. 그러므로 시장과 가족의 관계는 하나의 길로 수렴되지 않는다. 역사적으로 시장은 가족을 해체하고 사회(학)적으로 시장은 가족을 그 욕망의 기본 단위로서 요구한다.

실로 가족(familia)은 자아(ego)의 연장으로서 타자(the unfamiliar)를 배제하는 기본 단위다. 이것은 특히 여러 좌파 이론가가 이미 명석하게 해설해놓았듯이 국가지배, 사원(寺院)지배, 시장지배, 그리고 남성지배의 뺄 수 없는 틀거리이자 그 단말기로서 국가체제를 비롯한 그 모든 인류의 체제가 스스로의 지배 이념을 효과적으로 재생산하기 위해서 반드시 지켜내야 하는 정치사회적 단위인 것이다. 심지어 이것은 어느 프랑스 철학자가 말한 '유목주의자'들의 경우조차 예외가 아니다. 예를 들어 할리우드의 영화들이 한결같이 '내 가족을 손대면 반드시 응징한다'는 소박무치한 가족주의적 메시지를 신성한 가치처럼 새겨넣은 것은 흔하고 좋은 예다. 이제, 이 시대의 마지막 이데올로기이자 복음은 오직 가족주의인 것이다.

가족이나 가족주의는 이념도 복음도, 심지어 이데올로기도 될 수 없다. 그것은 그저 에고(ego)의 합리적 연장일 뿐이기 때문이다. 가령 기독교 성서의 어느 대목에서도 예수는 '가족 사랑'을 말한 적이 없을 뿐 아니라 그의 소식은 '네 가족을 버리고 내게로 오라'는 명령 속에서 자못 명확하다. 그러니까, 기독교만 하더라도 그것은 '가족(familia) 사랑'이 아니라 '이웃 사랑', 즉 가족이 아닌 것(the

unfamiliar)에 대한 적극적인 관심과 배려였던 것이다. 종교가
그 자체로 체제가 되거나 어느 체제의 핑곗모가 될 경우에만
가족주의는 미덕으로 포장된다. 어느 식자의 표현처럼, '가족'은
신성하지만 '가족주의'가 문제인 것이 아니다. 가족 그 자체가
문제인데, 가족의 이후가 막연하다고 하더라도 이 근본적인 사유의
필요성이 줄어드는 것은 아니다. 어쨌든 '가족의 종말'이 '~종말'
이야기의 마지막이 될 것만은 분명해 보인다.

"매일 매일 걷고 또 걷다 보면 수많은 생각이 오고 갑니다. 그리고
이제 상념이 잦아들면서…… 기억들이 투명하게 떠오르는 시간들이
찾아옵니다. 무엇이 진실이었고 무엇이 변명이었는지가 명확히
보이는 순간들이 찾아옵니다."

-감자 심포니(2008, 전용택)

가령 종교재판관들에 의해 마녀로 지목된 여인은 '변명'이 쓸 모
없다는 것을 직감한다. 변명은 침묵보다 빠르게 죽인다. 그녀는
삶의 무게에 빚진 적도 없이 수직으로 소멸한다. 그런 식으로,
근대 이후는 오직 변명으로 살아가는 변명의 시대가 된다. 그
같은 재판관들은 수 세기 후, 검사(檢事)가 되었고 혹은 장군이나
CEO가 되었는데, '영웅이 아닌 나쁜 놈'들은 이처럼 변명이 '필요
없는'('쓸모없는'이 아니라) 자리에 올라, 변명의 사용가치가 무효화되는
지점을 지키면서, 몰락하는 귀족의 자의식에 탐닉한다.

변명이 생활이 된 세속에서, 좋은 놈들은 스스로 변명을 그치면서
'잠시 억울해지는 상처의 순간'을 의욕 속으로 되먹이는 만큼만,
적은 달빛의 무게를 희망에 얹고 사라져간다. 그러므로 좋은

놈들은 이제 응당 존재하지 않는다. 그들은 오직 존재하지 않는
최소규정성의 방식, 즉 '하아얀 의욕'으로만 근근이 존재하는 세속의
이방(異邦)이다. 변명을 삼키고, 이유 없는 연대의 그림자를 좇아,
의도보다 앞서 걷는 이들은 미래의, 아직은 존재하지 않는, 좋은
놈들을 향한 꿈일 뿐이다. 그래서 어떤 꿈(희망)으로서만 존재하는
최소주의자, 그래서 단 한 번의 기록물(hapaxlegomenon)로 남을
이름이면 족하다.

좋은 놈이란 게 겨우 나이에 따라 운신하지만, 나쁜 놈은 나이가
없다. 세 살 먹은 아이의 얼굴 위에 이미 '나쁜 놈'은 새겨져 있으며,
칠십을 넘긴 노인도 제 욕망의 한 가닥을 위해, 그 한순간의 쾌락을
위해 기꺼이 네 명을 죽인다. 악(惡)은 그 고유한 충실성으로써
신(神)의 변덕과 싸우는데, 그래서 신자(信者)들은 '생각'으로 신을
섬기지만, 나쁜 놈들은 생각이 없이 충실할 뿐이다. 그러므로 "나는
내가 지닌 삶의 무게로 나의 곧음을 유지"(크리스테바)한다고 할 때,
그것이야말로 좋은 놈이 나쁜 놈들에게 배워야 할 유일한 미덕인
것이다.

빈 중심을 잘 도는 게 공부다. 빈 곳이 찼다고 여기는 자가 곧
신자(信者)인데, 이 신념은 일종의 백치의 것으로, 종지(宗旨)라는
'알갱이'에 대응한다. 물드는 게 나쁜 게 아니다. 물들어, 잠시
중심의 노예가 되는 것조차 나쁜 게 아니다. 물든 채 고정된(dead-
set) 게 문제인데, 비록 노예라도 움직이면 중심도 움직이게 되고,
필경 그 중심이 비었다는 사실을 깨치게 된다. 물론 중심이 빈 것을
알아야 주체가 생긴다. 그제야 그 중심(들)이 징검다리였다는 것을,
그저 방편이었다는 것을, 달(月)이 뜨게 만든 그릇이었다는 것을
알게 된다. 달은 선생이 아니므로 선생이 버림받는 것은 마땅하다.
그러므로 중심이 여럿이 되고 또 여럿이 하나가 되는 때, 그때가 곧
학생(學生)이다.

학생(學生)이다(2): 꼴, 형, 틀, 본

'꼴'은 개체의 다양성으로, 그냥 주어진 것일 뿐이다. 이게
출발점이다. 그리고 그 다양성은 (사회적 무의식으로) 아직
아무것도 아니다. 물론 그것은 아직 공부도 아니다. 선생은 아직
꼴일 뿐인 학생에게 '틀'을 준다. '선생은 틀을 주고 학생은 틀을
깬다'는 옛말처럼, 학생은 자신의 꼴을 그 틀 속에서 벼리거나
요개(撓改)하는데, 그 과정은 대체로 동화―이화의 변증법이랄 만한
것이다. 틀을 뚫어내는 일은 쉽지 않다. 틀은 갖은 '형'(型)들의
조직체이고, 매번 꼴은 새로운 형 앞에서 진저리를 치기 때문이다.
그러므로 형(型)을 얻는 것은 형(兄)을 넘어서는 것처럼 성가시고
불온한 노릇이다. 하지만 각각의 형을 온전하고 극진히 응대하다
보면 어느새 틀을 넘어서게 되는데, 선생의 틀을 뚫어낸 이 꼴을
일러 '본'이라고 부른다. 꼴이 지렁이의 춤으로까지 내려가 있다면,
본은 신화(神話)에까지 올라간다.

가장 잘못된 비유는, 선생을 달(月)을 가리키는 존재로 표상한
것이다. 실로 달을 가리키는 존재는 아직 아무것도 아니므로, 그의
손가락만 멍하게 바라보아도 괜찮다. 달, 같은 것은 '존재'한 적이
없는데, 그래서 그 누구도 가리키지 못한다. 말할 것도 없이 선생은
달이 아니다. 달이 된 선생, 그리고 달을 가리킨 선생이 있었다는
풍문을 들었다면, 당신은 단 한 차례도 학생이 아니었을 것이며,
어쩌면 당신은 가면을 쓴 신자(信者)였을 게다. 그래도, 그나마
괜찮은 비유는 만천명월(萬川明月)이라는 것이다. 그러므로 달은
누구에게(라도) 어떻게, 잠시, 번득이면서 나타나는 것으로, 그것은
잡을 수도, 가리킬 수도, 심지어 말할 수도 없는데, 그러니까,
달을 가리키지 않는 어떤 사람이, 어떻게 말하고 살고 의욕하다가
무상으로 선사받은 타성일편(打成一片)의 번득임 속을 스칠 때,
그때가 곧 선생(先生)이다.

진리관 301호

그 모든 것은 번개처럼 번득이며 사라진다. 그래서 먹구름의 세월은
길지만 차라리 아쉽다. 그 교실에서 만난 그 젊은이들은 어느새
정정한 30대를 설차(雪車)처럼 넘어갈 것이며, 하염없이 중년의
여인들로 늙어갈 것이다. 추억은 연필처럼 깎여갈 것이고, 의욕만큼
현명하지 못했던 일들조차 지긋한 미소 위에 얹혀 흘러가고야
말 것이다. 펜을 쥐고 내 말을 아깝게 적어 내리던 그 눈부시던
아이들도 언젠가는 노인이 될 것이다.

잊히지 않는 것은, 어떤 여백처럼 시간의 밖으로 나와서 그 첫사랑을
부른다. 물론 사랑의 유일한 형식은 '감사', 그 무엇으로도 채워지지
않는 감사다. '진리관'이라는 이상한 이름의 교실 안팎에서, 그리고
매우 짧은 두류(逗留)를 끝내고 그곳을 떠나면서 내 삶은 잠시
감사의 아우라를 두른 채 세속 밖으로 외출할 수 있었다.

그곳에는 어쩔 줄 몰라 하는 입들이 있었고, 불안한 열정 속에
빛나는 눈들이 있었으며, 환상을 얻을 만큼 운이 좋지도, 환멸을
깨칠 만큼 노숙(老熟)하지도 못한 젊은 영혼들이 이미 깊은 피로에
지쳐 있었다. 나는 그들에게, 말하는 사람이, 자신이 뱉는 그

말과의 적절한 거리를 견결하게 유지하면서도 쉬지 않고 자신을
총체적으로 활성화시키는 방식을 보여주려고 애썼다. 내가
'진리관'에서 가르친 것은 물론 '진리' 따위가 아니었다. 그러나 그중
몇은 마치 진리를 보기라도 한 듯 민속하고 충실하게 움직였는데,
그러므로 내가 그곳 '진리관'에서 찾을 수 있었던 유일한 진리는
이들 젊은이가 보여준 응대(應對)의 수행성 속에서 이미 부사적으로
다가온 미래였던 것이다.

개와 고양이, 혹은 일본의 비밀

니시다 기타로(西田幾多郎, 1870~1945)의 '장소적 논리'는,
심리적 동일성과 그 공감의 편차(偏差)에 일희일비하는
의인주의(anthropomorphism)적 태도로부터 완강하게 벗어났다는
점에서 고양이의 눈을 닮았다. 자아의 덩어리인 듯한 그것은
역설적으로 (마루야마 마사오의 유명한 말처럼) 자아(自我)가
없다고 보는 게 나은데, 그러므로 이 동물은, 가령 개에 비하면
'가축화'하기가 어려울 뿐 아니라 그만한 재미도 없다. 이와 더불어,
일본인들은 사람을 따르는 개―명백히, 조선 민족이 '개'에 더
가깝다―라기보다는 장소(섬)에 붙박인 고양이에 가까운 편임에도
불구하고 동양에서 가장 빠르게 근대화(가축화)에 성공했다는
사실은 의외다. 그러나 비밀은 바로 여기에 있다. 일본의 자생적
근대화는 (매우 이른 시기에 번진 '근대의 초극' 논의에서 보듯) 그
근본에서 진정한 '개방'이 아니며, 마치 그들의 만신전(萬神展)에
'예수신(神) 하나쯤 더 들어온다고 해서 개의치 않는다'고 자신하는
것처럼, 고양이는 그런 종류의 교환에 무관심한 관심(intérêt
désintéressé)으로 일관할 수 있기 때문이다.

삭혀서 '생산'하는 데 쓸 애매함이 다르고 속히 풀어서 지워 없애야
할 애매함이 다르듯이, 억울함에도 다른 종류들이 있습니다.
진도간첩단 사건(1981)이나 교수의 실책으로 인한 학점 불이익과
같은 공적·객관적 사안은 후자에 속하며, 애매함을 걷어내고
억울함을 씻는 일에 별 이론이 있을 수 없습니다. 그러나 문제가
사적 상호작용의 지경에 이르면 애매함은 언어 속에서 창궐하고
억울함은 기억 속에서 범람하는 법입니다. 기억을 되살펴 말로써
밝히려는 노력이 무망(無望)한 게 그 때문이지요. 더구나 그곳은
이유와 발명이 번성하고 기승을 부리는 곳이니, 사정을 밝혀
신원(伸寃)하는 노력은 자주 좌초됩니다.

좌초되므로 포기해야 한다는 뜻이 아닙니다. 이것은 어떤 포기의
방식을 통해서만 좌초를 넘어가는 가능성에 대한 짧은 얘기입니다.
인문학은 어떤 '죽어주기'의 결실이며, 그 연대는 어떤 '이유'들과의
창조적인 불화를 겪어내야만 가능해지는 것입니다. 불화를
창의화(創意化)하는 일, 오인(誤認)을 생산화하는 일, 무능을
급진화하는 일에 미래 인문학 활동의 새로운 가능성이 있는 것은
분명합니다. 마찬가지로, 세속의 체계를 가로질러 산책하는 중에

겪는 억울함에 대한 다른 이해와 접근은, 개인의 성숙뿐만 아니라
불화를 동력으로 삼는 인문공동체 운동의 일관성을 위해서도
긴요한 것이지요. 여태도 억울하지요? 더욱 열심히 억울하십시오.

감(感)이 아직 사회적 무의식에 불과한 것은 호감의 경우와 마찬가지다. 둘(2)은, '내가 당신을 얼마나 좋아하는지 모르시지요?'라는 형식의 어리석음에서 상통한다. 합일(合一)은 아직 말이 아니므로, 응(應)해서야 비로소 말하는 것이다. 비대칭의 어긋나는 세속 속에서 응해서 말하는 게 실력이므로, 특히 사랑과 종교는 아무래도 실력이 아닌데, 신(神)을 만나면서 말하고, 제 아이 낳고서 말하고, 애인을 구하고서 말하는 것은, 그러므로 아무런 말이 아닌 것이다.

공부는 오직 응해서 말하는 자의 것으로, 화이부중(化而不中), 화이불유(和而不流)가 거기에서 나온다.

1   연전의 '은행나무 공혜'라는 글이 생기게 된 경험을 언제까지나 잊지 못할
    듯합니다. 그 외에도 수년 전 산행 중에 만난, 붉게 풀어지는 석양(夕陽)을
    온몸으로 껴안은 채 바람기조차 없이 가늘게 흔들리면서 내게 말을 건네던 그
    거대한 늦가을 은행나무 한 그루를 또 어찌 잊을까요? 나는 경외에 벅찬 나머지
    양손을 벌리고 그를 눈물겹게 맞이하였는데, 그는 수없이 많은 노란 손을
    미소처럼 흔들어대는 신(神)이셨지요.

2   유봉학, 『화성, 꿈의 문화유산』, 신구문화사, 1996, 68쪽.

3   김영민, 『보행』, 철학과현실사, 2002의 모두에 게재된 에세이.

4   이청준 외, 『21세기 문학상 수상작품집』(1회), ISU, 1998, 66쪽.

5   오스카 와일드, 『옥중기』, 임헌영 옮김, 범우사, 1995, 45쪽.

6   G. 마르틴, 『소크라테스 평전』, 박갑성 옮김, 삼성미술문화재단, 1980, 90쪽.

7   플라톤, 『소크라테스의 대화』, 최명관 옮김, 종로서적, 1981, 50쪽.

8   법정, 『물소리 바람소리』, 샘터, 1986, 39쪽.

9   이덕무, 『한서이불과 논어병풍』, 정민 편역, 열림원 2000, 266쪽.

10 발터 벤야민, 『발터 벤야민의 문예이론』, 민음사, 1983, 26쪽.

11 다음에서 재인용. 미셸 투르니에, 『생각의 거울』, 북라인, 2003, 152쪽.

12 그리스인들의 추상적 사고와 달리 '예쁨'의 본질에 기하학이 스며든 것은 아니다.
    물론 '예쁨'에는 본질은 없다. 그것은 신의 시선도 기하학적 세치(細緻)도, 모종의
    광학적 배치도, 혹은 DNA도 아니다. 진화론이나 인류학의 보고는 '예쁨'과
    관련된 다종다양한 '경향'을 말하지만, 그 경향 역시 하나의 이데아를 가리키지
    않는다.

13 브라이언 드 팔머의 영화 『칼리토』(1994)에 나오는 대사 중의 한 토막.

봄날은 간다—공제控除의 비망록
ⓒ 김영민

초판인쇄 2012년 4월 16일
초판발행 2012년 4월 23일

지은이 김영민
펴낸이 강성민
편집 이은혜 박민수 김신식
사진 김이정
마케팅 최현수
온라인 마케팅 이상혁 장선아

펴낸곳 (주)글항아리│출판등록 2009년 1월 19일 제406-2009-000002호

주소 413-756 경기도 파주시 문발동 파주출판도시 513-8
전자우편 bookpot@hanmail.net
전화번호 031-955-8891(마케팅) 031-955-2670(편집부)
팩스 031-955-2557

ISBN 978-89-93905-96-0 03100

이 도서의 국립중앙도서관 출판시도서목록(CIP)은 e-CIP홈페이지(http://www.nl.go.kr/ecip)와
국가자료공동목록시스템(http://www.nl.go.kr/kolisnet)에서 이용하실 수 있습니다.(CIP제어번호: CIP2012001447)